WEB-CONTENT-MANAGEMENT-SYSTEM

Books LLC®, Wiki Series, Memphis, USA, 2011. ISBN: 9781159341749. www.booksllc.net
Copyright: http://creativecommons.org/licenses/by-sa/3.0/deed.de

Inhaltsverzeichnis

Freies Web-Content-Management-System
Apache Lenya 1
B2evolution 1
BBlog 2
Bigace 2
Bitweaver 3
CMS Made Simple 3
Contao 4
Contenido 6
Cyclone3 7
Drupal 8
E107 (Software) 10
EZ Publish 11
EyeOS 13
ImpressCMS 13
Joomla 14
LifeType 17
MODx 18
Magnolia (CMS) 19
Mambo (CMS) 20
Movable Type 21
MoziloCMS 21
Nucleus CMS 21
OpenACS 22
OpenPHPNuke 22
PHP-Fusion 23
PHP-Nuke 24
Papaya CMS 25
Phenotype 26
Phpwcms 27
Plone 27
PostNuke 28
Radiant (CMS) 29
Redaxo 29
Scuttle 30
Serendipity (Software) 30
SilverStripe 31
Spip 31
TYPO3 32
Textpattern 36
Umbraco 36
WebEdition 37
WebsiteBaker 38
Websitepreview 40
Webspell 42
WordPress 42
Xoops 45
CMSimple 45
Compliant Transaction Recording 46
Contrexx 46
Government Site Builder 46
RedDot 47
VIO.Matrix 47
Web to date 48

Weblog Publishing System
Antville 48
Blogger.com 49
LiveJournal 50
Six Apart 50
SnipSnap 50
Twoday.net 50
Weblog-Software 51

Wiki
Creole (Markup) 52
Semantisches Wiki 52
Wiki 53
Wikia 53
Wikifarm 55
Wikitext 55

Web-Content-Management-System

Apache Lenya

Apache Lenya ist ein mittels Java und XML realisiertes Content-Management-System, das auf Apache Cocoon aufgebaut ist. Apache Lenya wird als Freie Software unter der Apache-Lizenz veröffentlicht und kann kostenlos von der Apache-Lenya-Website heruntergeladen werden.

Die Universität Zürich hat ein deutschsprachiges Benutzerhandbuch verfasst und setzt Lenya für den gesamten Campus ein, ebenso wie die Universitäten Bern und Genf.

Geschichte

Apache Lenya wird seit dem Jahr 1999 entwickelt, ursprünglich unter dem Namen Wyona CMS von der Schweizer Firma *Wyona* für die Neue Zürcher Zeitung. Im Jahr 2003 wurde das Wyona CMS an die Apache Software Foundation gestiftet und in Apache Lenya umbenannt. Im Jahr 2004 wurde Apache Lenya ein Top-Level-Projekt der Apache Software Foundation.

Am 11. Januar 2008 erschien die lang erwartete Version 2.0, die zahlreiche Verbesserungen in Code und Funktionalität mit sich brachte.
Von „http://de.wikipedia.org/wiki/Apache_Lenya"

b2evolution

b2evolution ist eine Weblog-Software, die mehrere Blogs in mehreren Sprachen zugleich ermöglicht und mehrbenutzerfähig ist. Sie kann kostenlos unter der GNU General Public License benutzt werden. François Planque begann b2evolution als Abspaltung von b2/cafelog, aus dem auch WordPress hervorgegangen ist. b2evolution ist in PHP geschrieben und verwendet eine MySQL-Datenbank. Es lässt sich in fast jeder LAMP-Umgebung betreiben.

b2evolution unterstützt mehrere Benutzer und Administratoren mit einer Installation. Zahlreiche Drittanbieter bieten Plug-ins an, die unter anderem BBCode, LaTeX und grafische Smileys oder Werkzeuge wie Gallery 2, YouTube und digg benutzbar machen. Weitere Features sind unter anderem ein Spamfilter, der die ganze Anwendergemeinschaft umfasst und die IPs von Spammern in einer zentralen schwarzen Liste erfasst, eine durch Skins gestaltbare Oberfläche, Lokalisierung in einem Dutzend von Sprachen sowie ein völlig offen gelegtes API für Plug-in-Entwickler.

Von „http://de.wikipedia.org/wiki/B2evolution"

bBlog

bBlog ist eine freie Web Publishing Software (siehe Content-Management-System), programmiert in PHP und basierend auf dem Smarty-Template-System sowie einer MySQL-Datenbank. bBlog ist dazu gedacht Webseiten mit häufig aktualisiertem Inhalt zu verwalten, wie zum Beispiel Weblogs.

Durch die Basis auf der Smarty Engine lässt sich die Gestaltung einer bBlog basierten Website sehr leicht anpassen sowie durch Smarty basierte Plug-Ins der Funktionsumfang flexibel erweitern. bBlog ist als freie Software unter der GNU General Public License veröffentlicht und damit kostenlos verfügbar.

Die Entwicklung wurde durch den Autor eingestellt, da er nach eigener Aussage erkannt hatte, dass bBlog nicht mit Wordpress konkurrieren konnte. Die Webpräsenz bblog.com wird heute mit Wordpress betrieben. Der Quell-Code ist weiterhin bei Sourceforge verfügbar.

Merkmale
- Freie Software
- Smarty Template- und Plug-In-System
- integriertes Caching
- RSS-/Atom-Feeds
- Verzweigte Kommentare und Trackbacks
- verschiedene Texteditoren

Von „http://de.wikipedia.org/wiki/BBlog"

Bigace

BIGACE ist ein 2004 in der Erstversion erschienenes Open Source Web-Content-Management-System (CMS). Es basiert auf der serverseitigen Skriptsprache *PHP* und dem Datenbanksystem *MySQL*. BIGACE wird aktiv weiterentwickelt und konzentriert sich dabei auf die Wünsche der Benutzer. Primäre Zielgruppen sind private Webseiten, Auftritte von Vereinen und Auftritte von klein- und mittelständischen Betrieben.

Merkmale

BIGACE kann einfach mit Plugins (sogenannte *Extensions*, kleine Erweiterungsprogramme) auf spezielle Situationen angepasst werden. Diese lassen sich mit einem Klick installieren, so dass sich viele Anwendungsfälle ohne Schreiben von eigenem Programmcode abdecken lassen, dies sind z. B. Gästebuch, Foto Album, Blog- und Kommentarfunktion und andere. Vorteilhaft ist u.a. die Mehrsprachigkeit von *Front-* und *Backend*, wobei BIGACE bis heute in mehr als 6 Sprachen übersetzt wurde.

BIGACE verfügt über die Möglichkeit beliebig viele Mandanten zu verwalten. Pro Mandant können beliebig viele Benutzer eingesetzt werden, die in frei konfigurierbaren Benutzergruppen verwaltet und mit Zugriffsrechten versehen werden können.

Die zu verwaltenden Content-Objekte können in beliebig vielen Sprachversionen angelegt werden, so das eine mehrsprachige Webseite für verschiedene Benutzergruppen gepflegt werden kann.

Bedienung

BIGACE wird auf einem Webserver mit einem Webbrowser gesteuert. Für die Bedienung ist keine Zusatzsoftware beim Redakteur erforderlich, allerdings muss der Webbrowser JavaScript unterstützen. BIGACE bietet unterschiedliche Anwendungsmöglichkeiten, die sich in die Bereiche Design, Anwendung und Inhalt aufteilen.

Die Verwaltung (das sogenannte *Backend*) ist der im Webbrowser sichtbare Teil von BIGACE, in dem Inhalte erstellt und bearbeitet werden. Ein Rich-Text-Editor, in dem Inhalte wie in einer Textverarbeitung (z. B. Word) formatiert werden können, erlaubt auch Anwendern ohne HTML-Kenntnisse redaktionelle Arbeit zu erledigen.

Suchmaschinenfreundlichkeit

Möchte man Webseiten erstellen, die für die Crawling-Technik der heutigen modernen Suchmaschinen besonders geeignet sind, bietet BIGACE die hierzu einige Einstellmöglichkeiten. Neben der Pflege von Metaangaben für Schlüsselwörter und Beschreibungs-Tags, die pro Seite separat angegeben werden können, ist die Integration eigener Metaangaben möglich. Seitentitel können für jede Seite definiert werden, wobei im Template sowohl Titel des Projektes, als auch der Seitenname und Seitentiel als eigene Variablen zur Verfügung steht. Das Umschreiben der vom System generierten URLs in ein suchmaschinenfreundliches Format wird per URL Rewriting gelöst. Zudem liefert das System barrierefreien und standardkonformen Code, in der Standardinstallation wird ein tabellenloses Design mit ausgeliefert.

Darüber hinaus lassen sich durch die Installation einer Erweiterung noch weitere Punkte umsetzen:

Analyse
Durch einen Konfigurationseintrag kann eine Google-Analytics-Kennung gesetzt werden. Damit erfolgt eine automatisierte Ausgabe des benötigten Codes für dieses Tool an der richtigen Stelle im Quelltext der Seite.

Sitemap
Es kann automatisiert eine Sitemap, zum Beispiel zur Übergabe an große Suchmaschinen generiert werden.

Robot Tags
Seiten können von der Indexierung explizit ausgeschlossen werden. Der benötigte HTML-Code wird automatisch an der richtigen Stelle erzeugt.

Hosting
Da es sich bei BIGACE um eine serverbasierte Software handelt, wird als Voraussetzung die Abhängigkeit zu PHP 5.1 und MySQL 4.1 ausgewiesen. Darüber hinaus wird ein Webserver benötigt, wobei offiziell Apache, Microsoft IIS und Lighttpd unterstützt werden. PHP-seitig werden einige Erweiterungen wie SimpleXML benötigt, welche in jeder PHP-Standardinstallation vorhanden sind und deren Existenz während der Installation von BIGACE überprüft wird.

Die Installation kann manuell erfolgen, indem man die benötigten Programmpakete per z.B. mit Hilfe von FTP oder SSH auf den Server kopiert und dort entpackt werden.

Seit Mai 2009 ist BIGACE als SaaS-Software von Parallels, dem Hersteller der Administrationoberfläche *Plesk*, mit Gold zertifiziert und setzt somit den APS-Standard in der Version 1.1 vollständig um. Für den Endanwender bedeutet dies, das er BIGACE mit nur einem Klick installieren kann, wenn dieser seinen Webauftritt mit einer APS zertifizierten Software wie Plesk oder SysCP verwaltet.

Es existieren mehrere Webhoster, die sich auf den Einsatz von BIGACE spezialisiert haben und somit garantieren, das ihre Angebote voll kompatibel zu den Anforderungen des Systems sind.

Lizenz
BIGACE wird unter der GPL in der Version 2 veröffentlicht, der Quellcode ist somit frei zugänglich, kommerziell nutzbar und für jedermann erweiterbar.

Kritik
Die Auswahl an Erweiterungen ist geringer als bei vergleichbaren Systemen. Im Oktober 2009 waren um die 50 Erweiterungen verfügbar, während es für Joomla, Drupal oder TYPO3 mehrere hundert oder gar mehrere tausend Erweiterungen gibt. Allerdings bietet BIGACE bereits im Kernsystem Funktionen (passwortgeschützte Bereiche mit Mitgliederregistrierung, Passwort Recovery, Mandantenfähigkeit uvm.) die bei anderen CMS nur mittels Erweiterung verfügbar sind.

Das Kernsystem von BIGACE wird momentan von nur einem Entwickler erstellt, was für eine nachhaltige Weiterentwicklung kritisch sein kann. Für die Entwicklung von Erweiterungen stehen jedoch mehrere Entwickler zur Verfügung. Zudem bieten mehrere Webagenturen professionelle BIGACE-Dienstleistungen an, für die bisher jedoch keine Zertifizierungen wie bei Systemen wie Typo3 existieren.

Von „http://de.wikipedia.org/wiki/Bigace"

Bitweaver

Bitweaver ist ein freies Web-Content-Management-System auf der Basis von PHP und MySQL und unterliegt der LGPL. Das System ist ein Fork von TikiWiki. Das Grundsystem selbst bietet ein mit Modulen skalierbares Framework mit Mehrbenutzerverwaltung.

Bitweaver lässt sich durch sogenannte Module um weitere Funktionen wie beispielsweise Blogs, Foren, Wiki und vieles mehr erweitern. Das System ist auch für komplexe Webseiten geeignet. Design und Layout können über die integrierte Smarty Template Engine oder mit bereits verfügbaren Layoutvorlagen angepasst werden. Zwar verwendet Bitweaver eine Template Engine mit der prinzipiell alles angepasst werden kann, jedoch existieren nur wenige herausragende vorgefertigte Layoutvorlagen für es.

Von „http://de.wikipedia.org/wiki/Bitweaver"

CMS Made Simple

CMS Made Simple (kurz **CMSMS**) ist ein freies Content-Management-System (CMS) für kleine bis mittelgroße Webseiten, welches in der serverseitigen Skriptsprache PHP programmiert wurde. Es kann mit den Datenbanken MySQL und PostgreSQL eingesetzt werden, die wahlweise über die Datenbanklayer ADOdb Lite oder ADOdb eingebunden werden. Für die Gestaltung des Layouts wird die Template-Engine Smarty eingesetzt.

CMS made simple kann durch verschiedene Erweiterungen für den speziellen Einsatz angepasst werden. Die verfügbaren Erweiterungen decken einen Großteil der Anwendungsfälle wie zum Beispiel News, Kalender, Gästebuch, Bildergalerie und weitere ab. Das Backend steht aktuell in 35 Sprachen zur Verfügung.

Beim alljährlichen *Packt Publishing Award* des britischen Print-on-demand-Verlages *Packt* gewann CMSMS 2010 in der Kategorie „Open Source Content Management Systeme" den ersten Platz.

Verwendung
CMS Made Simple stellt an die Leistungs- und Konfigurationsfähigkeit des verwendeten Servers mittlere Anforderungen. Seinem Namen („CMS einfach gemacht") trägt es mit einer im Ver-

gleich zu anderen CMS niedrigen Lernkurve Rechnung, eine Webseite ist innerhalb weniger Stunden erstellt.

Zwar gibt es keinen Support durch einen Hersteller wie bei kommerziellen Produkten, jedoch bleiben im Forum aufgrund einer aktiven Anwender- und Entwicklergemeinde nur wenige Fragen unbeantwortet.

Funktionsweise

CMS Made Simple ermöglicht durch seine intuitive Bedienung, kleinere Webseiten (etwa für Privatpersonen, Familien und Vereine) zu erstellen, ist aber gleichzeitig mächtig genug, um auch komplexe Internetauftritte für Unternehmen zu realisieren.

Standardmäßig verfügt CMS made simple über eine Benutzerverwaltung, ein gruppenbasiertes Berechtigungssystem, eine Datei- und Bildverwaltung sowie ein News-Modul. Über einen Menü-Manager kann jedes nur vorstellbare Menü automatisiert generiert werden. Die über eine, an gängige Textverarbeitung angelehnte WYSIWYG-Oberfläche eingegebenen Inhalte lassen sich hierarchisch in unbeschränkter Tiefe sortieren. Standardmäßig wird der TinyMCE-Editor mitgeliefert. Weitere Editoren können als Modul heruntergeladen werden.

Die Templates können basierend auf Cascading Style Sheets oder auch Tabellen in XHTML frei geschrieben werden. Damit lassen sich die Webseiten sehr flexibel und nahezu barrierefrei gestalten (je nach Erfahrung des Designers). Sowohl die Templates als auch die Stylesheets werden in der Datenbank gespeichert.

CMS Made Simple wird zwar häufig für Webseiten mit eher statischen Inhalten eingesetzt, kann aber auch für Intranet- oder Blog-Seiten angepasst werden.

Des weiteren ist CMS Made Simple in der Lage, suchmaschinenfreundliche URLs (Pretty URLs) auszugeben.

Entwicklung

Das Projekt wurde am 1. Juli 2004 von dem US-Amerikaner Ted Kulp, einem in der Nähe von Philadelphia/USA beheimateten Programmierer, begonnen, als er ein geeignetes CMS für den Music Player Daemon suchte. Das Programm wurde jedoch schnell zu einem eigenständigen Open-Source-Projekt mit einer großen internationalen Gemeinschaft von Anwendern und Entwicklern. Seit 2007 wird er in seiner Tätigkeit als Chefentwickler durch den Kanadier Robert Campbell unterstützt.

Seit der Version 0.8 erhalten die Versionen zusätzlich zu Ihrer Versionsnummer einen südpazifischen Insel-Namen als Versionsnamen.

Am 10. September 2006 wurde die finale Version 1.0 freigegeben.

Erweiterungen

CMS Made Simple lässt sich durch Module, Tags, Smarty-Tags und Benutzerdefinierte Tags erweitern. Beliebte Erweiterungen sind
- News (Nachrichten-/Artikelsystem)
- Guestbook (Gästebuch)
- Gallery (Bildergalerie)
- Formbuilder (System zur Erstellung und Anzeige von Formularen)
- Calendar (Kalender-System)
- FrontendUsers (System zur Verwaltung von Frontend-Benutzern)
- Cataloger (Katalog-System)
- Newsletter made simple (System zum Versand von Newslettern)

CMSMS verfügt jedoch auch über eine eigene Programmierschnittstelle (API) und kann so einfach erweitert werden. Für den schnellen Einstieg empfehlen sich die Module Skeleton und ModulMaker. Während im Source des ersteren der grundsätzliche Aufbau von Modulen ausführlich erläutert wird, erstellt der ModuleMaker zeitsparend einen Modulrumpf.

Anforderungen

CMS made simple wurde auf verschiedenen Plattformen und Versionen getestet. Die Minimalanforderungen sind folgende:
- Linux/Unix, Windows 2000/XP/ME/2003 oder Mac OS X
- Apache HTTP Server 1.3 / 2, Lighttpd 1+, Microsoft IIS 5+ oder Sun Webserver7
- MySQL 4.1+ oder PostgreSQL 7
- PHP 5.2.4+ mit aktiviertem Tokenizer-Unterstützung

CMS made simple ist damit ein typisches LAMP-Projekt.

Literatur

- Sofia Hauschildt: *CMS Made Simple 1.6 : beginners guide. Create a fully functional and professional website using CMS Made simple*. Packt Publishing, Birmingham 2010, ISBN 978-1-8471-9820-4.
- Samuel Goldstein: *CMS Made Simple Development Cookbook.*. Packt Publishing, Birmingham 2011, ISBN 978-1-8495-1468-2.

Von „http://de.wikipedia.org/wiki/CMS_Made_Simple"

Contao

Contao (früher **TYPOlight**) ist ein freies Web-Content-Management-System für mittlere bis große Websites. Es erschien 2004 erstmals und kann einen wachsenden Anwenderkreis vorweisen. Contao ist eine komplett eigene Entwicklung und keine Abspaltung oder Unterversion eines anderen Open-Source-CMS.

Das System kann über Extensions erweitert werden. Aktuell gibt es über 320 Erweiterungen, wobei viele Funktionen direkt in Contao integriert sind. Das hat Stabilitäts- und Sicherheitsvorteile, etwa bei Aktualisierungen.

Beim *Packt Publishing Award* 2007 wurde Contao in der Kategorie der „meistversprechenden Content Management Systeme" nominiert und mit dem zweiten Rang ausgezeichnet.

Mit der Veröffentlichung der Vorabversion 2.9. RC1 am 6. Juni 2010 wurde TYPOlight in Contao umbenannt. Der Entwickler Leo Feyer begründete diesen Schritt damit, dass TYPOlight oft fälschlicherweise mit dem CMS TYPO3 in Verbindung gebracht wurde und dass der Zusatz „light" dahingehend missverstanden wurde, dass das CMS nur für kleine Projekte geeignet sei.

Contao bietet dem Anwender folgende Funktionen:

- Barrierefreie Ausgabe (XHTML strict)
- Generierung von suchmaschinenfreundlichen URLs, dynamischer Seitentitel und vollständiger META-Angaben
- Browserübergreifendes CSS-Framework (Internet Explorer ab Version 5.5, Firefox ab Version 1.0, Netscape ab Version 7, Opera ab Version 7)
- Verwendung von Ajax- und Web 2.0-Technik
- Integrierter Dateimanager, Suchmaschine und Formulargenerator
- Mehrsprachiges benutzerfreundliches Backend, basierend auf Templates
- Frontend-Ausgabe 100 % vorlagenbasierend
- Versionsverwaltung, Revisionen und Funktion um Änderungen rückgängig zu machen
- Mehrsprachige Dokumentation
- Unterstützung mehrerer Sprachen mittels UTF-8-Codierung
- Live-Update-Funktion (Kern aktualisiert sich per Knopfdruck) (optionales, kostenpflichtiges Feature)

Gestaltungsmöglichkeiten

- Module: Bereitstellung und Konfiguration von vorhandenen Frontend-Modulen oder Erweiterungen von Drittanbietern. Frontend-Module sind zum Beispiel Gästebücher, Anmeldeseiten, Menüelemente, Nachrichten, Suchfelder etc.
- Stylesheets: Individuelle Gestaltung von Seiteninhalten durch die Verwendung von Cascading Style Sheets (CSS)
- Seitenlayouts: Definitionen der inhaltlichen Aufteilung von Webseiten (Anzahl und Position der verwendeten Inhaltselemente wie Textspalten, Kopfzeile, Fußzeile; Anzahl und Position der in der Seite verwendeten Module etc.)
- Seitenstruktur: Erweiterung/Veränderung der Seitenstruktur der Website und der Eigenschaften einzelner Seiten (wie zum Beispiel Sprache, Sichtbarkeit etc.)
- Templates: Vorkonfigurierte HTML-Seitenvorlagen, die sogenannte Bereichsvorlagen (zum Beispiel $this->header) beinhalten können, die dann in den Seitenlayouts mit Frontend-Modulen befüllt werden.
- Insert-Tags: Insert-Tags sind Platzhalter (zum Beispiel {{date}} für das aktuelle Datum), die bei der Ausgabe einer Seite durch bestimmte Werte ersetzt werden. Sie können in Templates oder auch in Modulen verwendet werden. Die Insert-Tags orientieren sich an der in MediaWiki verwendeten Vorlagensyntax.
- PHP: Contao kann mit Hilfe der Skriptsprache PHP um zusätzliche Frontend- oder Backend-Module erweitert oder in seiner Funktionalität angepasst werden. Seit September 2008 gibt es ein offizielles „Contao Extension Repository" in dem alle verfügbaren Erweiterungen zentral zusammengefasst sind.
- Hooks: Hooks sind Schnittstellen zu allen wichtigen Contao Grundfunktionen, über die Entwickler eigene Anpassungen und Erweiterungen am System vornehmen können, ohne Änderungen am Contao-Kern durchführen zu müssen.

Suchmaschinenfreundlichkeit

Möchte man Webseiten erstellen, die für die Crawling-Technik der heutigen modernen Suchmaschinen besonders geeignet sind, bietet Contao die hierzu notwendigen Einstellmöglichkeiten:

- Metaangaben – Schlüsselworte und Beschreibungs-Tags können für jede Seite separat angegeben werden. Die Integration eigener Metaangaben ist möglich.
- Seitentitel – können für jede Seite definiert werden. Titel des Projektes und der Seite stehen als eigene Variablen zur Verfügung.
- Robot Tags – Seiten können von der Indexierung explizit ausgeschlossen werden. Das index, follow-Tag kann durch eine PHP-Bedingung integriert werden.
- URLs – Contao bietet das Umschreiben der vom System generierten URLs in ein suchmaschinenfreundliches Format. Wahlweise geschieht dies auch per mod_rewrite.
- Code – Das System liefert barrierefreien und standardkonformen Code. Ein tabellenloses Design ist umgesetzt.
- Sitemap – Es kann automatisiert eine Sitemap, zum Beispiel zur Übergabe an große Suchmaschinen generiert werden.
- Analyse – Es existiert im Backend zudem ein Feld, das eine Google-Analytics-Kennung aufnimmt. Damit erfolgt eine automatisierte Ausgabe des benötigten Codes für dieses Tool an der richtigen Stelle im Quelltext der Seite.

Kritik

Das Kernsystem von Contao wird von nur einem Entwickler erstellt, was für eine nachhaltige Weiterentwicklung kritisch sein kann. Wie der Autor von Contao mehrfach bestätigte, wird sich an der 1-Entwickler-Strategie nichts ändern. Im Sommer 2011 wurde jedoch eine offizielle Arbeitsgruppe "Core-Entwicklung" vorgestellt, die nun direkt durch Bereitstellung von Patches oder neuen Features die Entwicklung des Contao-Kerns unterstützt.

Der Prozess der Entwicklung des Kernsystems wurde inzwischen dahingehend geöffnet, dass ein öffentliches Projektarchiv (Repository) eingerichtet wurde. Engagierte Entwickler aus der Community können dadurch Änderungen am Kernsystem in den Zwischenschritten zeitnah nachvollziehen, überprüfen und dazu Hinweise/Anregungen im Ticketsystem hinterlassen.

Für die Entwicklung von inoffiziellen Erweiterungen stehen mehrere Entwickler zur Verfügung.

Literatur

Bücher

- Leo Feyer: *Das offizielle Contao-Handbuch. Der Leitfaden für Anwender, Administratoren und Ent-*

- *wicklung.* Addison-Wesley, München u. a. 2010, ISBN 978-3-8273-3014-7.
- Thomas Weitzel: *Mit Contao Webseiten erfolgreich gestalten: Konzeption, Umsetzung, Beispielprojekte.* Addison-Wesley, München u. a. 2010, ISBN 978-3-8273-2892-2.
- Nina Gerling: *Contao für Redakteure. Inhalte editieren und verwalten mit dem Open-Source-CMS.* Addison-Wesley, München u. a. 2010, ISBN 978-3-8273-2893-9.
- Anne-Kathrin Merz: *Contao - Das umfassende Praxisbuch.* mitp, 2010, ISBN 978-3-8266-5532-6.
- Peter Müller: *Websites erstellen mit Contao.* Galileo Computing, 2010, ISBN 978-3-8362-1651-7.
- Thomas Reindlmeier: *Contao - Webseiten clever gestalten.* KnowWare, Osnabrück, 2010, ISBN 978-8-7913-6493-8.

Videotrainings

- Michael Herzog: *Webseiten erstellen mit TYPOlight. Auch aktuell zu Contao (DVD-ROM).* Galileo Press, Bonn Mai 2010, ISBN 978-3-8362-1636-4.
- Harry Boldt: *Contao - Dynamische Websites mit dem Open Source CMS (DVD-ROM).* Addison Wesley, München 2011, ISBN 978-3-8273-6335-0.

Von „http://de.wikipedia.org/wiki/Contao"

Contenido

Contenido ist ein freies Web Content Management System. Das Open-Source-Projekt wurde im Jahre 2000 von der *four for business AG* initiiert und wird von dieser sowie weiteren Programmierern aus der Contenido-Community weiterentwickelt. Die auf PHP und MySQL basierende Software steht unter der GNU General Public License. Support wird durch die Anwendergemeinde (Forum, FAQ, Wiki) geleistet, im Forum finden sich auch freie Entwickler.

Bedienung

Contenido wird auf einem Webserver mit einem Webbrowser gesteuert. Für die Bedienung ist keine Zusatzsoftware beim Redakteur erforderlich. Die Verwaltung (das sogenannte *Backend*) ist der im Webbrowser sichtbare Teil von Contenido, in dem Inhalte erstellt und bearbeitet werden. Ein Editor erlaubt auch Anwendern ohne HTML-Kenntnisse redaktionelle Arbeit zu erledigen.

Funktionsweise

Das Prinzip

Contenido trennt Layout, Funktionalität und Inhalt. Das System organisiert sämtliche Artikel in einer Baumstruktur (auch Kategoriebaum genannt). Der Redakteur weist entweder der Kategorie oder dem Artikel ein Template zu und kann, sofern dies in den Modulen vorgesehen wurde, den Inhalt bearbeiten. Einer der großen Vorteile von Contenido ist die flexible Erweiterbarkeit durch Module und Plugins. Module decken hierbei mehr die Erweiterung des Frontends ab, Plugins werden meist zum Ausbau der Backendfunktionalität genutzt.

Module

Module sind in Contenido die 1. Wahl um das System mit Funktionen und Features zu erweitern. Im Demomandanten werden bereits viele Module für den Aufbau einer Webseite mitgeliefert (Artikelteaser, Navigation, Login, etc.). Module gliedern sich in einen Input- und einen Outputteil, wobei der Input für die Konfiguration des Moduls zuständig ist, und der Output die Datenverarbeitung und die Darstellung für das Frontend bereitstellt. Durch den möglichen Einsatz von PHP, MySQL, Javascripten und/oder purem (X)HTML lassen sich hierbei schon (fast) alle Ideen und Wünsche umsetzen. Viele Zusatzmodule findet man im Modulbereich des Forums (Gästebuch, Terminliste, Up- und Downloadmodul, erweiterte Artikellisten, etc.).

Von Contenido mitgelieferte CMS-Types ergänzen das Angebot im Modulbereich. CMS-Types sind kleine Widgets welche oft genutzte Funktionen wie z.B. Artikelteaser oder Downloadlisten, auf einfache Weise zur Verfügung stellen.

Detaillierte Informationen zu Modulen für Contenido findet man im Contenido Wiki

Plugins

Plugins können sowohl das Backend aber auch Contenido selbst funktionell erweitern. Oft werden sie in Kombination mit Frontendmodulen oder der Contenido Extensions Chain eingesetzt. Contenido selbst liefert bereits fest installierte Plugins wie ein WorkFlow-, Linkchecker- oder Content Allocation-Plugin mit. Das bei der Installation auswählbare Newslettersystem kann aufgrund seiner zu starken Integration in den Core nicht mehr als Plugin bezeichnet werden.

Detaillierte Informationen zu Plugins für Contenido findet man im Contenido Wiki

Contenido Extensions Chain (CEC)

Die Contenido Extension Chain, kurz CEC, ist eine von Contenido zur Verfügung gestellte Schnittstelle um Corefunktionen von Contenido sowohl im Backend als auch im Frontend zu erweitern. Im Contenido Core sind hierfür definierte Einsprungpunkte integriert welche dem Entwickler Zugriff auf dort gerade in Verarbeitung befindliche Daten und (eingeschränkt) auf die Darstellung im Backend geben. So nutzt beispielsweise das Workflow-Plugin ausgiebig die CEC im Artikelbereich.

Sonstiges

Mit Contenido können barrierefreie Webseiten erstellt werden.

Entwicklung

Die Hauptentwicklung wird von 4fb und ausgewählten Entwicklern aus der Community übernommen, wobei 4fb die Projektleitung übernimmt und den Entwicklern benötigte Ressourcen wie Bugtracker oder SVN zur Verfügung stellt. Zukünftig ist, laut Aussage von 4fb bei Communido 2010, eine noch engere Zusammenarbeit mit und mehr Mitspracherecht von der Community geplant.

Vorgängerversion war die Version 4.6.24. Diese ist noch unter PHP 4 lauffähig wird aber nicht mehr aktiv weiterentwickelt (End of Life).

Modifikationen sind jederzeit möglich, die Erweiterungen und Änderungen übernimmt das Unternehmen.

Kritik

Im Laufe der Jahre wurden immer wieder Stimmen laut, dass die Community nicht aktiv an der Weiterentwicklung beteiligt würde. Außerdem wird innerhalb der Community bemängelt, dass es keine öffentliche Roadmap für die Weiterentwicklung gibt und von four for business keine Informationen über die Arbeit an dem CMS bekanntgegeben werden.

Literatur

Bücher

- Markus Hübner: *Contenido für Einsteiger* ePubli, 2010. (Details)

Artikel

- Ortwin Pinke: Contenido Plugin(s) entwickeln (Teil 1)

Von „http://de.wikipedia.org/wiki/Contenido"

Cyclone3

Cyclone3 ist ein freies, modulares Content Management Framework und eine Content-Management-System-Engine. Es ist das erste freie CMS, das das Mozilla Application Framework verwendet, zur Administration bietet es ein XUL-Frontend. Cyclone3 ist unter der GNU General Public License lizenziert.

Es wird derzeit vom slowakischen Eishockeyverband und dem OpenDocument Fellowship's OpenDocument Validation Service verwendet.

Cyclone3 XULadmin

Cyclone3 XULadmin ist eine grafische Benutzeroberfläche für das Cyclone3-Framework. Mit Hilfe von XULadmin können auch Normalbenutzer wie Redakteure, Editoren einfach den Inhalt einer Webseite verwalten. XULadmin ist ein komplexes Werkzeug zum Erstellen und Verwalten von Artikeln, Bildern, Dateien, Besuchern, Sitemaps, Statistiken, Workgroups und vielem mehr.

Der Cyclone3 XULadmin arbeitet als eine Erweiterung des Mozilla Firefox-Browsers. Er verwendet Technologien wie XML User Interface Language (XUL, Beschreibungssprache für grafische Benutzeroberflächen) für das Frontend und AJAX (Asynchronous JavaScript and XML) für die Kommunikation mit dem serverseitigen Backend. Das XULadmin-Frontend wurde ursprünglich von Peter Nemsak und Michal Ondrovic entwickelt.

Geschichte

Cyclone3 wurde in den Jahren 2000/2001 ursprünglich von Roman Fordinal als kommerzielles Content-Management-System entwickelt. Zu dieser Zeit wurde Cyclone3 zum Beispiel von TV Markíza über einen Zeitraum von drei Jahren eingesetzt.

Während dieser Jahre wurden viele neue Merkmale zum System hinzugefügt, was schließlich zur Entwicklung eines Anwendungs-Frameworks führte. Alle Cyclone3-Anwendungen basieren auf offenen Standards und Technologien wie XUL, DocBook, XML-RPC, SOAP und OpenDocument.

Technologien

Cyclone3 wird unter der Verwendung von Perl, C / C++, Java, XUL und JavaScript entwickelt, wodurch es möglich wird, mit Cyclone3 robuste, gut integrierte und spezialisierte Anwendungen zu erstellen.

Haupteigenschaften

- Volle Unicode-Unterstützung.
- Unterstützung für die Bearbeitung von OpenDocument- und DocBook-Inhalten.
- Statistik-Subsystem generiert SVG-Graphen.
- Leistungsstarke Ausführung (Perl, FastCGI, memcached)
- Verwendung verschiedenen Datenbank-Backends möglich (MySQL, Oracle, PostgreSQL, ODBC, SQLite, ...).
- Internationalisierung (mehrsprachig, Staaten, Namen, Daten, Nummern)
- Multi-template publisher (skinnable designs)
- Multi-content-type (document-type) publisher.
- Multi-engine framework (export, publisher, admin, job scheduller, ...)
- Kaskadierende Architektur (domain service, sub domain, sub sub domain, ...)
- Eine Installation kann so viele Dienste bereitstellen, wie benötigt werden.
- Suchmaschinenoptimierte Veröffentlichung(volle Unterstützung für URL-Weiterleitungen zu neuen Inhalten)
- Modulares Design, d.h. Logik und Inhalt sind vollständig vom Design getrennt.
- Integrierte Fehlerkontrolle – automatische Fehlerberichte, Logdateien, debugging, profiling,.
- Entwickelt für hohe Verfügbarkeit und Unterstützung von mehreren Domains oder Servern für eine Domain

Referenzen

Von „http://de.wikipedia.org/wiki/Cyclone3"

Drupal

Drupal ist ein Content-Management-System (CMS) und -Framework, das in den unterschiedlichsten Anwendungsbereichen weltweit zum Einsatz kommt. Seine Hauptanwendung findet Drupal bei der Organisation von Websites. Zur Zeit (Mai 2011) bei 1,6 % aller Websites mit einem Marktanteil von 6,0 % bei CMS laut W3Techs. Ursprünglich konzipierte es der belgische Informatiker Dries Buytaert.

Drupal ist freie Software und steht unter der GNU General Public License. Es ist in PHP geschrieben und verwendet MySQL/MariaDB, PostgreSQL, SQLite, Oracle oder MSSQL als Datenbank.

Merkmale

Mit Drupal lassen sich, wie mit anderen Content-Management-Systemen (CMS) auch, Inhalte ins Internet stellen und bearbeiten. Drupal unterscheidet sich von anderen CMS vor allem durch die Umsetzung von Ansätzen einer Social Software und unterstützt damit den Aufbau von Communitys, die gemeinsam an Inhalten arbeiten und sich über Themen austauschen und informieren wollen. So können Nutzer beispielsweise eigene Weblogs anlegen, sich in Foren austauschen oder Artikel veröffentlichen. Es wird ein differenziertes Rollen- und Rechtesystem unterstützt.

Drupal steht seit 2001 als Open Source zur Verfügung. Inzwischen wird Drupal für mehrere Millionen Websites der unterschiedlichsten Art auf der ganzen Welt eingesetzt, so zum Beispiel für die Leser-Kommentare auf der Website der Wochenzeitung Die Zeit oder seit dem 24. Oktober 2009 auch für die Webpräsenz des Weißen Hauses in Washington.

Neben anderen bekannten CMS wie z. B. Mambo, Joomla! und TYPO3 hat es mit seinem spezifischen Ansatz einen Platz unter den „großen" PHP-basierten Open-Source-CMS etablieren können. Drupal hat eine starke Online-Community, die ihre Mitglieder aktiv unterstützt. Außerdem gibt es auch im deutschsprachigen Raum Unternehmen, die kommerziellen Support anbieten und Entwicklung professionell betreiben.

Drupal hat den englischen *Packt Publishing Open Source Content Management System Award* in der Kategorie „Overall Winner" in den Jahren 2007, 2008 und 2009 gewonnen.

Aufbau und Funktionen

Drupal besteht aus einem *Core* (dt. *Kern*), der die Grundfunktionalität liefert, und Modulen, die zusätzliche Funktionen bieten und dem System bei Bedarf hinzugefügt werden können. Es werden zur Zeit (Stand 26. Mai 2011) insgesamt über 8.000 Modul-Projekte (vollwertige Module) sowie über 1500 "Sandbox"-Projekte auf drupal.org verwaltet. Von den vollwertigen Modul-Projekten sind über 5.700 als kompatibel zu Drupal 6 und über 1.650 als kompatibel zu Drupal 7 markiert. Diese Module bieten ein breites Spektrum von einfachen, gängigen Website-Funktionen, über komplexe per Grafische Benutzeroberfläche konfigurierbare Werkzeuge, bis hin zu Erweiterungen der ohnehin schon umfangreichen Programmierschnittstellen.

Durch den modularen Aufbau von Drupal sind vielseitige Verwendungsmöglichkeiten vorhanden. Die Liste reicht von „Ein-Personen-Websites" wie beispielsweise persönlichen Weblogs bis hin zu Online-Communitys mit tausenden Mitgliedern.

Im Folgenden sind mögliche Anwendungsgebiete für das CMS Drupal beschrieben:

Weblog

Eine einzelne Person kann als alleiniger Benutzer des CMS ein Weblog aufbauen. Es ist aber ebenso möglich, dass sich mehrere Nutzer eine Website „teilen" und jeder sein eigenes Weblog hat.

Online-Community

Online-Communities sind Websites, bei denen sehr viele Benutzer, jeder mit einem eigenen Benutzerkonto für die Gestaltung und den Inhalt der Website zuständig sind. Dabei können Artikel erstellt oder in einem Forum diskutiert werden. Ein Administrator und Moderatoren sind für die Überwachung und den reibungslosen Ablauf zuständig.

Bücher

Das Verlinken von Seiten in einer linearen Struktur ist in Hypertexten bzw. CMS oft problematisch. Hier bietet der Inhaltstyp „Book" bei Drupal eine einfache Möglichkeit, (gemeinsam) zusammenhängende Seiten eines Buchs zu schreiben und zu verwalten – ohne die Übersicht zu verlieren.

Ausgewählte Eigenschaften

- Strikte Trennung von Layout/Design und funktionalem Quelltext
- Ausgefeiltes Taxonomiesystem zur hierarchischen Kategorisierung von Inhalten
- Mit Inhaltstypen lassen sich verschiedenartige Seiten aufbauen, die unterschiedliche Berechtigungen haben können.
- rollenbasiertes Rechtesystem
- Versionierung der Inhalte
- Baumartige (engl. threaded) Kommentierungsmöglichkeiten
- Permalinks – Jede Seite ist über eine feste (sich nicht verändernde) URL erreichbar
- Clean URLs – Drupal kann menschen- und maschinenlesbare URLs (z. B. für Suchmaschinen) erzeugen
- Eingebaute Volltext-Suchfunktion
- Drupal kann unterschiedliche Datenbanksysteme nutzen (empfohlen wird MySQL ab Version 4.1)
- Eingebaute Caching-Mechanismen sorgen für gute Leistung
- Zahlreiche Themes ermöglichen weitgehende Anpassung des Layouts
- Spracheinstellungen (auch mehrsprachige Sites) mit Hilfe von Lokalisierungsdaten
- Anbindung an LDAP Server/-Authentifizierung und OpenID
- Multisite-Fähigkeit: Aufbau isolierter Websites auf einer Installation

- Architektur: konsequenter Verzicht auf den Einsatz weiterer Programmier- oder Template-Sprachen, Beschränkung auf PHP zur Erzeugung von XHTML und CSS

Ausgewählte Module

Drupal kann durch eine Vielzahl sogenannter Module erweitert werden, so dass man nahezu beliebige Funktionalität „nachrüsten" kann.
- CCK-Modul (CCK: Content construction kit, dt. „Inhalts-Bausatz"): Einfache Erstellung eigener Inhaltstypen
- Views-Modul: Einfache Erstellung benutzerdefinierter Auflistungen von Inhalten
- CKeditor-/TinyMCE-Modul: Einfache WYSIWYG-Bearbeitung von Artikeln
- Image-Modul: Ermöglicht die Veröffentlichung von Bildern und Bildergalerien
- Actions- und Workflow-Modul: Erstellen von Workflows und damit verbundenen Aktionen
- Organic Groups-Modul: Ermöglicht die Erstellung beliebiger Gruppen, denen Benutzer beitreten und dort dann Inhalte veröffentlichen können
- Event-Modul: Terminverwaltung mit Kalenderfunktionen
- Location-Modul: Zugriff auf Kartenmaterial, Entfernungsberechnung etc.
- Weblink-Modul: Verwaltung von Weblinks mit Linküberwachung
- Ubercart-Modul: Erweiterung für E-Commerce

Community

Drupal hat eine große Nutzer- und Entwickler-Community. Mehr als 830.000 Benutzerkonten wurden auf Drupal.org registriert, davon haben sich mehr als 2.000 für ein Entwicklerkonto angemeldet. Die *Drupal Conference* findet zweimal jährlich statt, alternierend in Nordamerika und Europa. Die DrupalCon Szeged 2008, welche im August 2008 stattfand, hatte ca. 500 Besucher. Die DrupalCon Washington DC 2009 zog über 1.400 Besucher an. Im September 2009 fand die Konferenz in Paris mit 800 Teilnehmern statt. Über 3.000 Personen registrierten sich für die DrupalCon San Francisco im April 2010. Die europäische DrupalCon 2010 fand im August in Kopenhagen statt. Im März 2011 fand die die DrupalCon in Chicago statt. Vom 22. bis 26. August wird die europäische DrupalCon in London stattfinden.

Es gibt viele aktive Drupal-Foren, Mailing-Listen und Diskussionsgruppen. Des Weiteren gibt es auch diverse IRC-Channels auf dem Freenode Netz.

Es gibt über 20 nationale Communitys auf drupal.org, die sprachspezifische Hilfe anbieten.

Name und Logo

Der Name „Drupal" ist die englischamerikanische Aussprache des niederländischen Wortes „Druppel", was im Deutschen *Tropfen* bedeutet (Plattdeutsch: „*Dropp*" oder „*Droppen*"). Drupal ist eine eingetragene Marke von Dries Buytaert.

Das offizielle Logo ist das sogenannte *Druplicon*. Es entstand nach der Idee einen Wassertropfen als Logo zu nutzen. Dieser sollte jedoch comichaft wirken und eindeutig wiederzuerkennen sein. Daher stellen zwei ineinander verschmolzene Tropfen, die wie ein Unendlichkeitszeichen aussehen, die Augen im Gesicht des Wassertropfs dar. Damit sollen die schier unendlichen Einsatzmöglichkeiten von Drupal symbolisiert werden.

Kritik

- Fehlende Rückwärtskompatibilität: Neue Hauptversionen von Drupal sind oft mit vorherigen nur eingeschränkt kompatibel (z. B. Version 6 mit Version 5). Dies führt dazu, dass bestehende Module angepasst bzw. umprogrammiert werden müssen und bei Erscheinen einer neuen Hauptversion möglicherweise zunächst nicht zur Verfügung stehen.
- Performance: 2008 zeigten Tests, die die Performance von Drupal 6.1 und Joomla 1.5 verglichen, dass Drupal Webseiten „signifikant schneller" bereitstellte. Trotzdem hält sich die Ansicht, Drupal sei langsam. Drupal ist in einigen Anwendungsbereichen tatsächlich langsamer als andere Systeme, zum Beispiel ist die Performance von Wordpress der von Drupal als Single-User-Blogging-System in der Regel überlegen. Das Drupal-Projekt selbst weist jedoch darauf hin, dass Drupal nicht als Blogging-Engine konzipiert ist.

Große Drupal-Projekte

- whitehouse.gov, die Website des Weißen Hauses
- economist.com, die Website des Economist
- ubuntu.com, die Website der Linux-Distribution Ubuntu
- amnesty.org, die Website von Amnesty International
- WFP.org, die Website der Vereinten Nationen des Welternährungsprogramms
- harvardscience.harvard.edu, die Website von HarvardScience

Distributionen und Erweiterungspakete

Es gibt zum Teil massiv den Drupal-Kern verändernde Erweiterungen, die nach installiert werden müssen oder auch Teil einer Distribution (Software) sein können. Dazu gibt es mit Installationsprofilen eine standardisierte Distributions-Möglichkeit, die keine Kern-Veränderungen enthalten.

Installationsprofile im Allgemeinen

Drupal bietet die Möglichkeit, Installationsprofile, in denen eine bestimmte Auswahl an Zusatzmodulen, -themen und speziellen Einstellungen integriert sein kann, als eigenständige Projekte zu pflegen. Ein solches Installationsprofil setzt dabei immer auf einer stabilen Drupal-Version auf und erweitert diese um zusätzliche, von Anfang an verfügbare Funktionalitäten. Dadurch wird das sonst mitunter aufwändige Zusammensuchen von benötigten Modulen vereinfacht, wenn eine ähnliche Konfiguration mehrmals installiert werden solll. Installationsprofile eignen sich somit dazu, eine eigene Zusammenstellung von häufig benutzen Modulen und Themen anzulegen und diese auch zu veröffentlichen. Viele Drupal-Distributionen bieten von Haus aus die geeigneten Funktionen um eine spezielle Art von Websiten zu erstellen. Für Websiten, die auf einem Installationsprofil basieren, steht aber auch die Gesamtheit aller Drupal-Module zur Installation zur Verfügung.

Pressflow (Erweiterung)

Pressflow basiert auf der jeweils aktuellen Drupal-Version, setzt dabei allerdings den Schwerpunkt auf verbesserte Performance, sowie ausgefeiltere Caching-Mechanismen. Dabei bleibt die API- Kompatibilität vollständig erhalten. Die höhere Performance geht jedoch zu Lasten der Abwärtskompatibilität: So wird statt PHP 4 und mehreren Datenbank-Systemen bei Pressflow nur PHP 5 und MySQL 5.x unterstützt.

Pressflow verbessert folgende Eigenschaften:
- Funktionsnachbildung: Drupal greift auf Funktionen der PHP-Version 4.x zurück. Moderne Funktionen, wie sie nur von PHP ab Version 5.x unterstützt werden, wurden in Drupal nachgebildet, so dass die Kompatibilität zu PHP 4 gewahrt bleibt. Pressflow bricht mit dieser Kompatibilität und nutzt statt dessen die nativen PHP 5 Funktionen.
- Optimierung der MySQL-Anbindung: Drupal lässt sich mit verschiedenen Datenbank-Systemen betreiben: Diese Vielfalt geht zu Lasten der Performance, da viele MySQL-spezifische Funktionen nicht genutzt werden können. Pressflow unterstützt ausschließlich MySQL und ist daher in der Lage, auf die Besonderheiten dieses Datenbank-Systems einzugehen und spezielle (schnellere) MySQL-Funktionen zu nutzen, die in anderen Datenbank-Systemen nicht zur Verfügung stehen.
- Ausgefeilteres Caching: Besonders Websites mit massivem Benutzeraufkommen hilft Caching die Serverlast erheblich zu verringern. Pressflow unterstützt das Caching mittels Reverse-Proxy, was im Gegensatz zu den datenbankbasierten Caching-Möglichkeiten von Drupal die Serverlast um den Faktor 10 verringern soll.

Acquia Drupal

Acquia Drupal ist die Distribution des gleichnamigen Unternehmens von Drupal-Schöpfer Dries Buytaert. Sie zeichnet sich vor allem durch kommerziellen Support aus, außerdem wurden einige Module der Community direkt in das System integriert.

Cocomore-Drupal-Distribution (inkl. Erweiterung)

Aufbauend auf den hauseigenen Cocomore-Drupal-Core, in dem neben eigenen Optimierungen auch das **Pressflow-Paket integriert** ist, stellt die Agentur Cocomore AG ihre hauseigene Drupal-Distribution der Community zur Verfügung. Separat erhältlich sind auch diverse optimierte Module.

CiviCRM (Erweiterung)

CiviCRM ist ein Constituent Relationship Management System (kein Customer Relationship Management System), das speziell auf die Bedürfnisse von Nichtregierungsorganisationen, Verbänden und gemeinnützigen Einrichtungen ausgerichtet ist. Es gibt Module zur Verwaltung von verschiedenen Arten von Kontakten (eben nicht nur Kunden), Spenden, Veranstaltungen und Mitgliedern. Hierbei nutzt es Drupal (oder wahlweise Joomla) als Unterbau.

Open Atrium

Open Atrium ist eine komplette Intranet-Lösung, mit der die Zusammenarbeit von Teams koordiniert und optimiert werden kann. Es enthält Blog, Kalender, Dokumente und Todo-Listen.

Medien

Literatur

- Olav Schettler, Friedrich Stahl: *Praxiswissen Drupal 6*, O'Reilly, ISBN 978-3-89721-485-9
- Thomas Zahreddin: *Das Drupal 6 Praxisbuch*, mitp 2008, ISBN 978-3-8266-5969-0
- Thorsten P. Luhm: *DAS EINSTEIGERSEMINAR Drupal 6*, bhv-Buch 2008, ISBN 978-3-8266-7479-2
- Hagen Graf: *Drupal 6*. Addison-Wesley, ISBN 978-3-8273-2608-9 (online lesbar)
- John VanDyk: *Pro Drupal Development (Expert's Voice in Open Source)*, 2. Auflage (Drupal 6), Apress, ISBN 978-1-4302-0989-8
- John VanDyk: *Das Drupal-Entwicklerhandbuch* (Übersetzung der 2. Auflage von *Pro Drupal Development*), Addison-Wesley, ISBN 978-3-8273-2798-7
- Matt Butcher: *Learning Drupal 6 Module Development*. Packt Pub, ISBN 978-1-84719-444-2
- Hagen Graf: *Drupal Community-Websites entwickeln und verwalten mit dem Open Source-CMS* Addison-Wesley, ISBN 3-8273-2321-5 (kostenloser Download als PDF)
- Robert T. Douglass, Mike Little, Jared W. Smith: *Building Online Communities with Drupal, phpBB, and WordPress*. Apress, ISBN 1-59059-562-9
- David Mercer: *Drupal – Der schnelle Einstieg* MITP, ISBN 3-8266-1695-2

Video-Training

- Thomas Bredenfeld: *Drupal 7 - Grundlagen* video2brain
- Thomas Bredenfeld: *Drupal 7 - Medienintegration* video2brain
- Thomas Bredenfeld: *Drupal 7 - Medienintegration* video2brain
- Hagen Graf: *Drupal 6* video2brain, ISBN 978-3-8273-6134-9
- Hagen Graf: *Drupal 5* video2brain, ISBN 3-902550-17-1

Von „http://de.wikipedia.org/wiki/Drupal"

e107 (Software)

e107 ist ein freies Content-Management-System (CMS), welches die Gestaltung und Verwaltung von Webseiten oder Community-Portalen erleichtert. Es verwendet PHP und Datenbankunterstützung via MySQL und kann für Webseiten oder lokale Intranet-Seiten verwendet werden. Momentan werden mehrere Sprachen unterstützt, welche man zusätzlich zum Programmpaket herunterladen kann.

Der Name ist davon abgeleitet, dass es das siebte Projekt war, an dem der Urheber gearbeitet hat.

e107 wurde unter den GNU General Public License Bedingungen veröffentlicht.

Geschichte

e107 basiert auf Quellcode, der ursprünglich auf LiteStep-Webseiten benutzt wurde. Jalist, der für die Entwicklung dieser Webseiten verantwortlich war, verwendete einiges an Quellcode von litestep.net und ls2k.org wieder und erstellte ein mehr modulares System. Dieses System konnte dann als Codegrundlage für Andere dienen, um ihre eigenen von der Community betriebenen Webseiten zu erschaffen.

Die Quellcodesammlung wurde bis zur Version 0.612 ausschließlich durch Jalist gewartet, als dann ein Entwicklungsteam gebildet wurde. Das Entwicklungsteam entwickelt, wartet und erstellt jetzt Build Releases für das e107-System.

2006 und 2007 wurde e107 durch die Öffentlichkeit als einer der fünf Finalisten im „Packt Open Source Content Management System Award" nominiert. Das Ergebnis kann hier gefunden werden: packtpub

Versionen

Die Veröffentlichungen wurden im „Standard"-Stil bis 5.4 nummeriert, bevor man sich entschied, die Versionsnummerierung abzuändern. Die nächste bedeutendere Version wurde als Version 0.6 veröffentlicht. Die Versionsverwaltung wird für alle folgenden Veröffentlichungen nach diesem Stil fortgesetzt. Die nächste große Version, die sich zurzeit in Entwicklung befindet, wird 0.8 sein.

Merkmale

- Datei-basiertes Caching
- Integriertes News System und RSS-Unterstützung
- Vorlagen System und Möglichkeit zur Erstellung von Vorlagen
- Ausgabe von validem XHTML 1.1
- Forensystem zum Erstellen von seitenintegrierten Foren
- Admin-System zur Administration der Website

Zu den Minimalvoraussetzungen für e107 gehören:

- MySQL (MySQL 3.22 oder neuer)
- PHP (Version 4.3.0 oder neuer)

PHP muss mit MySQL-Unterstützung compiliert werden, damit e107 richtig läuft. Zur Benutzung von e107 empfiehlt der Hersteller Apache. Jede Technologie, die mit PHP und MySQL kompatibel ist, sollte jedoch auch funktionieren. e107 funktioniert mit allen auf Linux und Windows basierenden Servern, IIS, MySQL und PHP.

Von „http://de.wikipedia.org/wiki/E107_(Software)"

eZ Publish

eZ Publish ist ein Open-Source-Enterprise-Content-Management-System. Es wird von dem norwegischen Unternehmen eZ Systems zusammen mit einer wachsenden Benutzer- und Entwickler-Gemeinschaft entwickelt. eZ Publish ist sowohl zum kostenlosen Download unter der GPL, als auch unter proprietären Lizenzen mit entsprechendem kommerziellem Support erhältlich und zielt auf die Entwicklung von professionellen Webapplikationen mit PHP.

Der Name eZ Publish ist ein Wortspiel mit dem englischen *easy* und wird wie das englische *easy publish* ausgesprochen.

Einsatzgebiete

eZ Publish erlaubt die Entwicklung professioneller, individueller Web-Applikationen. Typische Anwendungen reichen von der persönlichen Homepage über die klassische mehrsprachige Unternehmens-Präsenz mit rollenbasiertem Mehrbenutzer-Zugriff und E-Commerce-Funktionalität, dann für Magazine, Zeitungen, Zeitschriften bis hin zu Online-Communitys.

eZ Publish wird nach Angaben des Herstellers weltweit für mehr als 170.000 Webanwendungen aller Art und Größe eingesetzt, darunter das MIT, die Zeitschrift Vogue, die NASA und das Schweizer Fernsehen.

Bedienung

eZ Publish wird über einen Webbrowser gesteuert, lokale Zusatzsoftware ist nicht notwendig. Ein Rich-Text-Editor, in dem Inhalte wie in einer Textverarbeitung (z.B. Word) formatiert werden können, erlaubt auch Anwendern ohne HTML-Kenntnissen redaktionelle Beiträge. Alternativ kann für die Bearbeitung direkt der Internetauftritt (das *Frontend*, also der für den Besucher sichtbare Teil der Seite) genutzt werden. Eine weitere Möglichkeit ist das Editieren mit OpenOffice.org und WebDAV. Die Dokumente werden einfach mit dem Explorer, Konqueror oder Finder in den gewünschten Ordner geschoben und dann automatisch veröffentlicht. Genauso wird ein existierendes Objekt editiert.

Hersteller / Geschäftsmodell

Der Hersteller eZ Systems verfolgt mit der kostenlosen Veröffentlichung der Software einen Ansatz, den das Unternehmen als „*best of both worlds*" bezeichnet. eZ Publish darf im Rahmen der GPL kostenlos verwendet und modifiziert werden. Gegen Gebühr ist zusätzlich professionelle Unterstützung erhältlich. So bietet eZ Systems mit dem *eZ Network* eine Herstellergarantie kombiniert mit einem Wartungsvertrag an. Außerdem kann eine *Professional Licence* erworben werden, welche dazu berechtigt, eZ Publish unter anderen Lizenzen als der GPL zu verwenden, was die Änderung am Quellcode erlaubt, ohne dass diese erneut unter GPL veröffentlicht werden müssen. eZ Systems versucht damit, die Vorteile von kommerzieller und freier Software zu kombinieren. Das Unternehmen wurde für dieses Geschäftsmodell mehrfach ausgezeichnet, darunter mit dem *CM Forum 2006 Web Idol Award*, dem *Norwegian Prize for promoting Free Software* sowie als eines der 100 einflussreichsten Unternehmen der IT-Industrie.

eZ Systems betreut und zertifiziert Partnerunternehmen, welche die konkrete Implementierung im Kundenauftrag übernehmen. Gegenwärtig gibt es international etwa 230 Partner, darunter 26 in Deutschland. Das Unternehmen beschäftigt selbst etwa 80 Mitarbeiter in Norwegen, Dänemark, Belgien, Frankreich, Kanada und Deutschland. Die Entwicklergemeinde umfasst nach Angaben von eZ Systems mehrere zehntausend Programmierer.

Funktionsumfang

Der Funktionsumfang zielt auf die schnelle, professionelle und sichere Realisierung von Webapplikationen. Neben CMS-Standardfunktionen wie Sitemaps, Suche und Druckansicht gibt es folgende weitere funktionale Merkmale:

- Logik zur Versionierung
- Medienbibliothek
- Rollenbasiertes Rechtemanagement über Access Control Lists.

Zusätzlich besteht die Möglichkeit, eigene Änderungen an eZ Publish vorzunehmen. Die Systemarchitektur sieht hierfür sogenannte *Extensions* vor, in denen individuelle Funktionalität hinterlegt wird. Damit lässt sich der Kernel auch nach dem Customizing des Systems auf neue Versionen upgraden. Schließlich existieren seitens der Open-Source-Community rund 800 unter der GPL veröffentlichte Erweiterungen.

eZ Systems verfolgt den Ansatz, Erweiterungen der Community kontinuierlich in den Kernel zu integrieren. Damit will man verhindern, dass Mischinstallationen aus Kernel und individuellen Plug-ins entstehen, die dann z.B. hinsichtlich der Migrationsfähigkeit auf neue PHP-Versionen eingeschränkt wären, weil die Plugins in unterschiedlichem Maße supportet und weiterentwickelt werden.

Technologie

Als Webserver wird vom Hersteller Apache empfohlen. Dadurch ist die Software unabhängig vom verwendeten Betriebssystem und kann sowohl unter Windows, Apple Mac OS X, als auch unter verschiedenen Unix-Varianten eingesetzt werden.

Es lassen sich praktisch alle verfügbaren Datenbanken nutzen. Dies geschieht über die Programmierung eines Treibers, ohne dass Änderungen am Kernel vorgenommen werden müssen. Neben der von eZ Systems empfohlenen MySQL-Datenbank sind Treiber für PostgreSQL, Microsoft SQL Server und Oracle verfügbar. Aufgrund der Unterstützung offener Standards wie XML und SOAP kann eZ Publish außerdem flexibel in bestehende IT-Infrastrukturen integriert werden.

eZ Publish ist clusterfähig und erzwingt durch die XML-konforme Speicherung aller Inhalte die strenge Trennung von Information und Design (Medienneutrale Datenhaltung), was barrierefreie Gestaltung z.B. für Braille-Geräte sowie die Anbindung anderer Ausgabegeräte wie WAP-Browser oder Mobiltelefone erleichtert.

eZ Components

Seit dem Sommer 2007 wird mit *eZ Components* eine Open-Source-Bibliothek unabhängiger Module angeboten, auf deren Grundlage seitdem auch eZ Publish aufbaut. Im Dezember 2009 erschien mit '2009.2' die neunte Version des Pakets.

Es handelt sich um eine Bibliothek von standardisierten Modulen, welche die Applikationsentwicklung beschleunigen soll. Unter anderem existieren Funktionen zum Komprimieren, zur Performanceoptimierung durch Caching, zur Unterstützung von diversen Datenbanken, zum Debugging, für RSS-Feeds, zur Generierung von Graphen, zur Analyse und Konvertierung von Bilddateien, zur Unterstützung von E-Mail, Konvertierung von Dokumenten, zur Suche und zur Validierung von Benutzereingaben. Insgesamt werden (Stand November 2008) 41 Module angeboten.

Die eZ Components stellen ein Komponenten-basiertes Framework dar, dessen Elemente auch unabhängig voneinander und in Kombination mit den Bibliotheken anderer Anbieter nutzbar sind. Sie bilden damit eine Alternative etwa zum PEAR-Projekt.

Die Module werden unter der BSD-Lizenz veröffentlicht und können somit auch weiterentwickelt und -verkauft werden. Weiterhin ist auch kommerzieller Support von eZ Systems erhältlich. eZ Systems entwickelt außerdem an der *eZ Platform*, welche auf den eZ Components basiert und eine Web-Entwicklungsumgebung auf Basis von PHP 6 bieten wird.

Literatur

- Paul Borgermans, Tony Wood, Paul Forsyth: *Learning EZ Publish 3: Building Content Management Solutions*. Packt Publishing, 2004, ISBN 978-1-9048-1101-5.
- Balazs Halasy: *eZ publish Grundlagen*. entwickler.press, 2007, ISBN 978-3-9390-8443-3.
- Bergfrid Marie Skaara: *eZ Publish Advanced Content Management*, eZ press 2008, ISBN 978-82-92795-10-1
- Bergfrid Marie Skaara: *eZ Publish Content Management Basics*, eZ press 2007, ISBN 978-82-92797-05-1
- Martin Bauer: *Managing EZ Publish Web Content Management Projects*. Packt Publishing, 2007, ISBN 978-1-8471-9172-4.
- Tobias Schlitt, Kore Nordmann: *eZ Components – Das Entwickler-Handbuch*. Installation, Grundlagen, Praxis. Galileo Press, Bonn 2007, ISBN 978-3-8362-1073-7.

Von „http://de.wikipedia.org/wiki/EZ_Publish"

eyeOS

eyeOS ist eine internetbasierte Software, die einen Web-Desktop als Rich Internet Application über das Internet auf einem lokalen Webbrowser zur Verfügung stellt. Sie dient damit als Plattform für Web-Anwendungen die mit dem eyeOS-Toolkit entwickelt wurden und umfasst eine Desktop-Umgebung mit 67 Anwendungen und Systemprogrammen. Über Apps ist es auch von mobilen Endgeräten verwendbar. Als Benutzer benötigt man lediglich einen Computer mit Internetzugang und einen standardkonformen Webbrowser (wie z. B. Mozilla Firefox [empfohlen], Microsofts Internet Explorer, Apples Safari, Googles Chrome oder Opera). **eyeOS** kann sowohl auf den offiziellen Servern verwendet werden, als auch auf eigenen Servern eingerichtet und verwendet werden.

Dank der GNU Affero General Public License ist das Projekt der Open-Source-Gemeinschaft kostenfrei und für jeden Programmierer offen. Entwickelt wird eyeos mit einer Kombination aus PHP und JavaScript und folgt dem anhaltenden AJAX-Trend. Die Entwicklung neuer Programme erfolgt per PHP und dem eyeos-Toolkit, das viele weitere Funktionen und Klassen, z. B. für die grafische Benutzeroberfläche, bereitstellt.

Im Download-Bereich stehen Übersetzungen in vielen Sprachen bereit. Verfügbar sind unter anderem die Übersetzungen ins Deutsche, Spanische, Französische, Italienische, Japanische und Chinesische. Insgesamt sind über 30 Übersetzungen verfügbar.

Ein Image zum Einsatz in der Virtualisierungssoftware VirtualBox steht seit dem 24. November 2009 zum Download bereit.

Hintergründe

- eyeos 1.6 „Gala Sync": In eyeos 1.6 wurde dem Codenamen der Zusatz „Sync" hinzugefügt, um zu verdeutlichen, dass das System nun über XML-RPC mit lokalen Dateien synchronisiert werden kann.
- eyeos 1.7 „Lars": Im September 2008 entschied Pau Garcia-Milà, damaliger Projektleiter, die Versionen 1.7 und 1.8 nach dem deutschen Entwickler und heutigen Produkt-Manager Lars Knickrehm aufgrund seiner Bemühungen für das Projekt zu benennen.
- eyeos 1.9 „Mars": Lange Zeit stand das Erscheinen dieser Version zwischen eyeos 1.8 und eyeos 2.0 noch zur Frage. Mitte 2009 entschied Lars Knickrehm entgegen der Meinung anderer Beteiligter im Namen des Projekts jedoch, diese Version dennoch zu veröffentlichen. Die Entwicklung wurde aufgrund der internen Diskussionen hinausgezögert, wird mittlerweile jedoch auch wieder von anfänglichen Kritikern unterstützt. Seit Ende Dezember 2009 kann die Version 1.9 heruntergeladen werden. Der Codename ergibt sich aus den Namen zweier Entwickler.
- eyeos 2.0: Im Oktober 2009 wurden erstmals Einblicke in eyeos 2.0 gegeben. Die Community wurde aufgerufen, sich an der Wahl eines kommenden Codenamen zu beteiligen. Nach mehreren Artikeln über die zu erwartenden Funktionen wurde Anfang November eine erste Vorschau für Entwickler freigegeben. Die finale Version sollte ursprünglich am 18. Januar 2010 erscheinen. Inzwischen wurden die Terminankündigungen zu Version 2.0 revidiert.

Von „http://de.wikipedia.org/wiki/EyeOS"

ImpressCMS

ImpressCMS ist ein freies, von der Anwendergemeinschaft entwickeltes Content-Management-System zum Erstellen von Web-Portalen, geschrieben in der Programmiersprache PHP. Als Datenbank wird MySQL genutzt.

Geschichte

Das ImpressCMS-Projekt wurde Ende 2007 als Abspaltung von der Xoops-Community gegründet. Viele Entwickler von ImpressCMS sind altgediente Entwickler, Designer und Benutzer mit umfangreichem Xoops-Wissen, die bemüht sind, eine neue Gemeinschaft zu fördern und das ImpressCMS aufzubauen. Der Kern der Plattform des ImpressCMS wurde von Xoops geerbt, aber unterscheidet sich schon schnell vom eigentlichen Elternteil. Jedoch wird sichergestellt, dass Module und Design aus dem ursprünglichen Kern aus Xoops weiter funktionieren. Dadurch kann der Benutzer leicht nach ImpressCMS migrieren und bekommt zusätzlich eine Kompatibilität geboten.

Das ImpressCMS-Projekt unterliegt der GNU General Public License Version 2 und ist in deutscher Sprache zum Download verfügbar.

Voraussetzungen

Für ImpressCMS 1.2 wird ein Webserver mit PHP Version 5.2 oder höher und MySQL Version 4.1 oder höher benötigt.

Funktionen

ImpressCMS benutzt eine offene Architektur, Webmaster können weitere Module hinzufügen, die den Kern in der Funktionalität erweitern. Es gibt zahlreiche Module, die mit Hilfe der internationalen Anwendergemeinschaft, Designer und Fans gleichermaßen entwickelt wurden. Dabei geht es in erster Linie um das Erstellen und Verwalten von Inhalten für Communitys.

Basis-Funktionen von ImpressCMS:
- Granulare Berechtigungen für Benutzer und Gruppen
- Vollständige Benutzer-Profile und private Nachrichten
- Anpassbare Themes und Templates
- Integrierte Kommentarfunktion, mit

- optionaler Moderation
- Verwaltung von Bannerwerbung
- Webseitenübergreifende Suchfunktion
- Multibyte-Sprachunterstützung mit über zehn Sprachenangeboten
- Native mehrsprachige Unterstützung ermöglicht das Tagging von Inhalten in verschiedenen Sprachen und die Nutzer sehen die Inhalte entsprechend der Landauswahl
- Erstellen eigener Blockpositionen für größere Flexibilität von Design und Layout
- Einfaches Klonen von bestehenden Blöcken mit einem klick
- Trust-Path: Sensible Daten liegen außerhalb der Webroot und können nicht mit dem Browser angesurft werden
- Automatische Versionskontrolle informiert den Webmaster über eine neue Version
- Benutzer können ihr eigenes Layout auswählen und im Konto speichern
- Benutzer können einen automatischen Login benutzen, dieser wird durch den Administrator ein- oder ausgeschaltet

Von „http://de.wikipedia.org/wiki/ImpressCMS"

Joomla

Joomla! ist ein populäres freies Content-Management-System (CMS), das aus dem Open-Source-Projekt Mambo hervorgegangen ist und inzwischen in den unterschiedlichsten Anwendungsbereichen weltweit zum Einsatz kommt. Seine Hauptanwendung findet Joomla beim Erstellen von Webseiten.

Joomla ist Freie Software und steht unter der General Public License. Es ist in PHP 5 geschrieben und verwendet MySQL als Datenbank (weitere Datenbankschnittstellen stehen in Entwicklung).

Joomla gehört zusammen mit Wordpress, TYPO3 und Drupal zu den bekanntesten Open-Source-CMS und ist eines der meistverwendeten.

Wesen und Zweck von Joomla

Joomla dient in erster Linie dem Erstellen von Webseiten (Content Management) mit veränderlichen, d.h. dynamischen Inhalten, die von mehreren Personen editiert werden können. Dabei deckt Joomla im Wesentlichen nur den funktionellen und inhaltlichen aber nicht den künstlerischen Teil ab. Letzterer kann in Grenzen durch sogenannte Templates adressiert werden, die von Dritten erstellt wurden und den gleichen Inhalten ein anderes optisches Erscheinungsbild geben. Im Gegensatz zu Joomla müssen diese Templates nicht zwangsläufig frei und kostenlos sein.

Für überschaubare, private Homepages mit wenigen Unterseiten und zum großen Teil unveränderlichem Inhalt, die nur von einer Person gewartet werden, eignet es sich wegen seiner funktionalen Komplexität und den Anforderungen an die Server-Hardware in der Regel weniger. Für solche Aufgaben ist ohne gute Kenntnis von Joomla ein einfacheres CMS oder ein Homepagebaukasten besser geeignet. Eine abgespeckte und daher übersichtlichere Version von Joomla ist weder verfügbar noch innerhalb des Programmes einstellbar.

Die auf die Webseite zugreifenden Personen können von einem so genannten Administrator mit unterschiedlichen Rechte-Sets, d. h. sogenannten "Rollen", ausgestattet werden. Beispielsweise können manche Personen nur Inhalte, andere auch die zugrunde liegende Funktionalität beeinflussen.

Im Gegensatz zu der Erstellung von Webseiten in gerade von Anfängern als kryptisch empfundenen Sprachen wie HTML und CSS bietet ein CMS wie Joomla den Vorteil, die Inhalte aus vorgefertigten Bausteinen zusammensetzen zu können. Dabei erscheint die Webseite schon im Erstellungsstadium genau so wie bei der späteren Veröffentlichung (WYSIWYG-Prinzip), was von JavaScript-Editoren wie TinyMCE geleistet wird.

Joomla ist eigenständig nicht lauffähig. Es muss auf einem Webserver installiert werden, üblicherweise einem Apache-Webserver, und benötigt außerdem einen MySQL-Datenbank-Server. Entwickler können Pakete von Joomla herunterladen, auf ihrem Computer einen Webserver mit Joomla installieren und Joomla offline lauffähig machen.

Vorteile von Joomla sind:
- Benutzerfreundliche Bedienung (Lehrer und Admin)
- Leicht erweiterbar durch verschiedene Komponenten, Module und Plugins
- Modernes sowie flexibles Design
- weitestgehend valides HTML und CSS in den Standard-Templates

Geschichte

Nach erheblichen Differenzen mit dem australischen Unternehmen Miro, das die Namensrechte an Mambo besaß, verabschiedete sich am 17. August 2005 der Großteil der damals am Mambo-Projekt beteiligten Entwickler von Mambo. Um das System dennoch weiterentwickeln zu können, wurde der Code von Mambo 4.5.2.3 in ein neues Projekt mit dem Namen *Joomla* übernommen und zu Joomla 1.0.x (Stable) weiterentwickelt.

Das Entwicklerteam gründete eine Seite mit dem Namen OpenSourceMatters, um die Nutzer, Entwickler, Webdesigner und die Community mit Informationen zu versorgen. Der Teamleiter zu dieser Zeit, Andrew „*MasterChief*" Eddie, der das Projekt kurzzeitig verließ und am 15. August 2007 zurückkehrte, schrieb einen offenen Brief an die Gemeinschaft, der auch im öffentlichen Forum auf mamboserver.com publiziert wurde.

Am 1. September 2005 wurde unter dem neuen Namen *Joomla!* eine neue Mambo-Version angekündigt. Joomla ist die englischsprachige Schreibweise des Swahili-Wortes *jumla*, das so viel bedeutet wie ‚alle zusammen' oder ‚als Ganzes'.

Joomla 1.0.0 war Mambo – nur kombiniert mit einigen Erweiterungen. Im weiteren Verlauf des Jahres 2005 einigte man sich darauf, sich von den Mambo-Wurzeln ganz zu trennen und ein gänzlich eigenes und neues CMS zu entwickeln.

Die Entwicklung der neuen Version, die mit 1.5 versioniert wird, dauerte mehr als zwei Jahre. In der Zwischenzeit wurde die Version 1.0 weiterentwickelt. Am 22. Januar 2008 wurde nach einigen RC-Versionen die erste stabile Version von Joomla 1.5 offiziell veröffentlicht.

Joomla steht als Open Source zur Verfügung. Den Joomla-Entwicklern ist diese Entwicklungsphilosophie sehr wichtig, weshalb der offizielle Slogan „... *because open source matters*" verwendet wird. Inzwischen wird Joomla weltweit für zehntausende Websites der unterschiedlichsten Art eingesetzt. Neben anderen bekannten CMS wie z. B. wordpress, Drupal, Mambo und TYPO3 ist Joomla mit knapp 11% Marktanteil - nach wordpress mit circa 55% Marktanteil - eines der meistverwendeten CMS weltweit. Joomla hat eine starke Online-Community, die ihre Mitglieder aktiv unterstützt. Außerdem gibt es auch im deutschsprachigen Raum Unternehmen, die kommerziellen Support anbieten und Entwicklung professionell betreiben.

Joomla hat den englischen Packt Publishing Open Source Content Management System Award im Jahr 2006 in der Kategorie *Overall Winner* und 2007 in der Kategorie "Best PHP Open Source Content Management System" gewonnen.

Datumsangaben nach PST/PDT

Versionen

Version 1.0.x

- Am 19. September 2005 wurde die Version 1.0.0 freigegeben. Merkmale sind:
  - Bereinigung von Fehlern und Sicherheitslücken
  - Unterstützung von MySQL 4.1
- Am 21. Juli 2007 ist die Version 1.0.13 veröffentlicht worden. In dieser Version werden fünf unkritische Sicherheitsmängel behoben sowie die Veränderung des Passwortsystems mittels des Salt-Algorithmus eingeführt. Aufgrund dieser Änderung ist ein Downgrade auf frühere Versionen nicht mehr möglich und sämtliche Fremdmodule, die mit dem Login arbeiten (z. B. Brücken zu Fremdsoftware wie ein Forum), sind nicht mehr mit dieser Version kompatibel.
- Am 22. Februar 2008 ist die Version 1.0.15 veröffentlicht worden. Die Version schließt kritische Sicherheitslücken, die erst kurz nach Veröffentlichung der Vorgängerversion 1.0.14 bekannt wurden.
- Der Support und die Weiterentwicklung von Zweig 1.0 wurde am 22. Juli 2009 offiziell eingestellt.

Grundlegende Funktionsweise

In der Basisversion ist Joomla 1.0 zunächst vor allem ein Redaktionssystem, das es einem oder mehreren Autoren erlaubt, Texte und Bilder mithilfe von Upload- und Editierwerkzeugen online zu stellen. Die eingegebenen Daten werden dabei zunächst in einer Datenbank gespeichert und bei einem Seitenaufruf mittels der Skriptsprache PHP dynamisch zusammengesetzt. Über die Anweisung <?php mosMainBody ();?> wird dabei im Template ein Skript aufgerufen, das die Ausgabe vom Nutzer eingegebener Inhalte an einer einzelnen, definierten Stelle auf der Webseite, dem Main-Content-Bereich, initiiert.

Darüber hinaus werden schon in der Basisversion eine Reihe sogenannter Module zur Verfügung gestellt, mittels derer der Nutzer vom System automatisch Daten, wie z. B. Übersichten der zuletzt eingestellten Artikel, auf der Webseite generieren lassen kann. Diese Module werden durch PHP-Skripte des Typs *mosLoadModules* eingebunden. Die von den Modulen zusammengestellten Daten können so an verschiedenen, von der Position der Skriptanweisungen im Template vorgegebenen Stellen auf der Webseite ausgegeben werden.

Mit sogenannten Komponenten, wie z. B. der in der Grundausstattung enthaltenen Kontakte-Komponente, eingegebene Daten werden dagegen beim Aufruf einer entsprechenden Seite im Browser vom Skript *mosMainBody* angefordert und im Main-Content-Bereich angezeigt. Auf die Darstellung dieser Daten kann dabei allerdings zum Teil nur bedingt durch Manipulation der die Ausgabe steuernden Anwendungsskripte Einfluss genommen werden.

Version 1.5.x

Am 22. Januar 2008 wurde der erste Stable Release von Joomla 1.5 über die offizielle Projektseite veröffentlicht. Die Veröffentlichung trägt die Versionsnummer 1.5.0 und den Codenamen Khepri, der gleichnamigen altägyptischen Gottheit, die den Sonnenaufgang verkörpert.

Version 1.5 stellt für das CMS Joomla einen Entwicklungssprung dar. Basierte der Quellcode der 1.0x-Serie noch auf Mambo, handelt es sich bei der Version 1.5 im Prinzip um ein neues CMS.

Wegen des neuartigen Aufbaus der Version 1.5 wird oft von einem sogenannten Framework gesprochen. Der Code wurde vollständig objektorientiert ausgelegt und die Komponenten folgen dem Model-View-Controller-Entwurfsprinzip. Dementsprechend steht Komponentenentwicklern eine neue API zur Verfügung, um eigene Erweiterungen für Joomla zu entwickeln. Obwohl das Framework in der objektorientierten Version PHP 5 geschrieben wurde, ist Joomla 1.5 auch zur Version 4 teilweise abwärtskompatibel. Dennoch wird PHP 5 für den Betrieb empfohlen, da Joomla 1.5 mit dieser Version signifikant schneller und stabiler läuft.

Ausgewählte Eigenschaften

- Strikte Trennung von Layout/Design und funktionalem Quelltext mit dem Model-View-Controller-Entwurfsprinzip
- Suchmaschinenoptimierung – Joomla kann menschen- und maschinenlesbare URLs (zum Beispiel für Suchmaschinen) erzeugen
- Eingebaute Volltext-Suchfunktion
- Eingebaute Caching-Mechanismen sorgen für gute Performance
- Zahlreiche Templates ermöglichen weitgehende Anpassung des Lay-

outs
- Spracheinstellungen (auch mehrsprachige Sites) mit Hilfe von Lokalisierungsdaten
- Anbindung an LDAP Server/-Authentifizierung
- Anbindung an OpenID Server/-Authentifizierung
- Integration von Ajax-Features mit dem JavaScript-Framework MooTools

Version 1.6

Version Joomla 1.6 wurde am 10. Januar 2011 veröffentlicht.

Joomla 1.6 stellt den Support für PHP 4 endgültig ein, so dass die Systemanforderungen auf PHP 5.2 und höher angehoben wurden. Eines der neuen Hauptfeatures in Version 1.6 ist ein umfangreiches Rechtesystem, das auf einer Access Control List beruht. Außerdem wurde eine unbegrenzte hierarchische Kategorisierung eingeführt und die vereinfachte Aufteilung aus Joomla 1.5 in Bereiche und Kategorien dadurch ersetzt. Die Kategorietiefe lässt sich beliebig erweitern und Artikel so strukturierter einordnen.

Mit Joomla 1.6 wird die Version 1.5 um zahlreiche neue Merkmale erweitert. Da das teilweise neugeschriebene Framework von Version 1.6 nicht vollständig auf dem von Joomla 1.5 basiert, ist ein Update von Version 1.5 auf 1.6 nicht zu empfehlen. Viele Komponenten sind nicht auf 1.6 "vorbereitet". Updates von Komponenten, Modulen und Plugins werden auf Grund von geänderten Installationsbedingungen misslingen. Joomla-Seiten mit hinzugefügten Komponenten/Modulen/Plugins sollten vor einem Update auf 1.6 daraufgehend überprüft werden, ob es auch Updates für die Komponenten/Module/Plugins auf 1.6 gibt. Eine Aktualisierung der älteren Version 1.0 auf die neue Version 1.6 wird aufgrund der vielen Veränderungen seit Einführung von Joomla 1.5 nicht unterstützt.

Version 1.7

Version Joomla! 1.7 wurde am 19. Juli 2011 veröffentlicht. Es enthält nur kleinere Neuerungen und Sicherheitspatches. Ein Update von Joomla! 1.5.x auf Joomla! 1.7 ist möglich (Joomla! 1.6 kann ausgelassen werden).

Erweiterungen

Viele Anwender haben Erweiterungen (Module und Komponenten) für Joomla erstellt, die sie der Nutzergemeinde meist kostenfrei zur Verfügung stellen beispielsweise eine Online-Shop-Lösung mit Virtuemart. Auf diese Weise bietet Joomla einen beachtlichen Funktionsumfang, der praktisch alle üblichen Anwendungen abdeckt. Neben den Vorteilen haben aber gerade diese Erweiterungen in der Vergangenheit immer wieder Sicherheitsprobleme hervorgerufen, so dass der Anwender eine gewisse Vorsicht walten lassen sollte (siehe Abschnitt *Sicherheit*). Zusätzlich zu den kostenfreien Erweiterungen gibt es auch einige kommerzielle Produkte für Joomla, welche jedoch lizenzrechtlich nicht unumstritten sind. Zur Zeit sind auf der deutschen Website von Joomla 434 Module und 277 Komponenten für Mambo und Joomla in der Version 1.0.x (Stand 2. September 2007) aufgeführt.

Bei den Erweiterungen unterscheidet man Plugins, Komponenten, Module und Templates: Plugins verändern den Programmcode von Joomla!, Komponenten ergänzen zusätzliche Funktionalitäten, Module zeigen Daten aus dem Joomla!-Kern oder anderen Erweiterungen an und die Templates bestimmen das Aussehen und die Seitenstruktur.

Joomla User Groups (JUGs)

Die sogenannten JUGs sind lokale Gruppen von Joomla-Benutzern und -Entwicklern, die sich regelmäßig zusammenfinden, um Informationen über Joomla auszutauschen, Projekte zu planen (z. B. Workshops) und natürlich um sich kennenzulernen und somit die soziale Komponente von Open-Source-Software zu pflegen. JUGs gibt es bisher (Stand Juli 2008) in den Städten Berlin, Köln, Nürnberg, München, Regensburg, in Hessen, im Ruhrgebiet, Sachsen und Schleswig-Holstein sowie in der Schweiz und in Österreich.

Name und Logo

Der Name *Joomla* (englische Lautumschreibung) leitet sich von dem Wort „Jumla" aus der Swahili-Sprache ab und kommt ursprünglich aus dem Arabischen. Es bedeutet so viel wie „das Ganze" oder auch „als ganzes" und betont damit die Rolle der Entwickler-Gemeinschaft (*Community*). 2006 kamen Nutzer, Unternehmen und Verlage in Bonn zu einem Kongress zusammen, dem *Joomla!Day*.

Das offizielle Logo besteht aus dem Logobild und dem Joomla-Schriftzug. Das Logobild repräsentiert die Vereinigung der Joomla-Community. Es setzt sich aus vier zueinander gedrehten *J* zusammen. Das Joomla-Logo ist nicht copyrightfrei und darf nur unter bestimmten Bedingungen verwendet werden. Ein Abändern des Logos ist in den meisten Fällen nicht gestattet. Das Logo darf dann in Publikationen verwendet werden, wenn sich diese an die von Joomla vorgegebene Farbgestaltung hält.

Sicherheit

Aufgrund der Popularität und bekannter Sicherheitsprobleme werden Joomla-Installationen immer wieder zur Zielscheibe von Angriffen, insbesondere in Form sogenannter Defacements. Laut einer IBM-Studie aus dem Jahr 2008 ist die Zahl der Sicherheitslücken bei Webapplikationen allerdings generell drastisch angestiegen, so dass prinzipiell alle Systeme von diesem Problem betroffen sind.

Unter Joomla verursachen vor allem die zahlreichen Drittkomponenten sicherheitsrelevante Probleme, die von den Hackern ausgenutzt werden. Viele dieser Erweiterungen benötigen teilweise sehr weitgehende Rechte auf dem Server, welche meist nicht explizit aufgeführt werden. Die meisten Nutzer versuchen, drohende Fehlermeldungen durch Zurückschrauben oder gar Deaktivieren der Sicherheitseinstellungen zu umgehen. Programmierbedingte Sicherheitsmängel werden dagegen in aller Regel recht schnell beseitigt, und Anwender finden in der jeweiligen Nutzergemeinde Hilfe, um ihr System auf dem neuesten Stand zu halten.

In einem separaten englischen Wiki werden grundlegende Sicherheitstipps für den sicheren Betrieb von Joomla gegeben.

Community

Joomla hat eine offizielle und viele inoffizielle Communitys. Das offizielle Joomla-Forum (Stand Januar 2011) umfasst mehr als 527.000 Beiträge mit mehr als 2,25 Millionen Posts von mehr als 443.000 registrierten Mitgliedern in 42 Sprachen. Inoffizielle Seiten werden in vielen Sprachen veröffentlicht, meist mit Joomla-Erweiterungen, die regionspezifisch sind. Bi-direktionale Text-Unterstützung für Hebräisch und Arabisch zum Beispiel finden sich häufig in Community-Portalen von Drittanbietern. Inoffizielle Web-Entwickler programmieren ebenfalls Erweiterungen und Templates für den kommerziellen Vertrieb und bieten individuelle Anpassungsdienste auf Freelance-Basis an. Gewöhnlicherweise wird ein Template in einer Zip-Datei veröffentlicht, die mit Hilfe des integrierten Joomla-Installationsprogrammes installiert werden kann.

Literatur

Joomla 1.7
- Astrid Günther: *Joomla! 1.7 - Webseiten clever gestalten.* KnowWare-Verlag, Osnabrück 2011, ISBN 978-3-943252-00-2

Joomla 1.6
- Hagen Graf: *Joomla! 1.6 - das Einsteigerbuch: Grundlagen, Konfiguration, Anwendung ; [CD: 2 exklusive Joomla!-Templates, Joomla!1.6, XAMPP].* Addison-Wesley, München 2011, ISBN 978-3-8273-3032-1 (online lesbar).
- Axel Tüting: *Webseiten erstellen mit Joomla! 1.6 - Neue Features - Templates und SEO.* Franzis Verlag GmbH, Poing 2011, ISBN 978-3-645-60095-8.
- Alexander Schmidt/Andreas Lehr: *Templates für Joomla! 1.6 Design und Implementierung.* Franzis Verlag GmbH, Poing 2010, ISBN 978-3-645-60073-6.

Joomla 1.5
- Hagen Graf: *Joomla! 1.5 : Websites organisieren und gestalten mit dem Open Source-CMS ; [CD: 2 exklusive Joomla!-Templates, Dreamweaver CS3 (30-Tage-Trial), Joomla! 1.5, XAMPP].* Addison-Wesley, München 2008, ISBN 978-3-8273-2531-0 (online lesbar).
- Thorsten Luhm: *Das Einsteigerseminar Joomla 1.5* Vmi Buch (November 2007), ISBN 978-3-8266-7440-2.
- Tobias Wassermann, Christian Speer: *Joomla! 1.5 Das Praxisbuch* Mitp-Verlag; Auflage: 1 (Juni 2008), ISBN 978-3-8266-1619-8.
- Anja Ebersbach, Markus Glaser, Radovan Kubani: *Joomla! 1.5 für Einsteiger : Joomla anpassen und erweitern.* Galileo Press, Bonn 2008, ISBN 978-3-8362-1021-8 (Volltextsuche, außerdem Kap.6:*Inhalte erstellen und verändern* als PDF).
- Anja Ebersbach, Markus Glaser, Radovan Kubani: *Joomla! 1.5: Das umfassende Handbuch.* 2. Aufl., Galileo Press, Bonn 2009, ISBN 978-3-89842-881-1 (online lesbar).
- Martin Häberle, Nebil Messaoudi, Theresa Rickmann, Frank Ully: *Joomla! für Dummies.* Wiley-VCH (Juni 2008), ISBN 978-3-527-70335-7 (Inhaltsverzeichnis, Stichwortverzeichnis und Kapitel 1 als PDF).
- James Kennard: *Mastering Joomla! 1.5 Extension and Framework Development.* Packt Publishing (August 2008), ISBN 978-184719282-0
- Stefan Spörrer: *Content Management Systeme: Begriffsstruktur und Praxisbeispiel.*, inkl. Joomla-Beispielinstallation, Kölner Wissenschaftsverlag, 2009, ISBN 3-937404-74-0.
- Johann Christian Hanke: *Joomla! 1.5 leicht und verständlich.* KnowWare-Verlag, Osnabrück 2009, ISBN 978-87-91364-90-7

Joomla 1.0
- Alex Kempkens: *Das Joomla!(1.0)-Entwicklerhandbuch. (Open Source Library)* Addison-Wesley, (September 2007), ISBN 978-3-8273-2323-1.
- Anja Ebersbach, Markus Glaser, Radovan Kubani: *Joomla! (1.0) Das Handbuch für Einsteiger.* Galileo Computing, April 2006, ISBN 3-89842-632-7 (online lesbar und als Download verfügbar – 28. Juni 2006).
- Tobias Hauser, Christian Wenz: *Joomla! und Mambo. Open Source-CMS einsetzen und erweitern.* Hanser Verlag, März 2006, ISBN 3-446-40690-5 (28. Juni 2006).
- Hagen Graf: *Joomla! (1.0) Websites organisieren und gestalten mit dem Open Source-CMS.* Addison-Wesley, November 2005, ISBN 978-3-8273-2344-6 (als kostenloser Download – 9. März 2007).

Video-Training
- Hagen Graf: *Joomla! 1.6 : Das Einsteigertraining: Websites aufsetzen, verwalten und gestalten von A bis Z.* Addison Wesley, München 2011, ISBN 978-3-8273-6275-9
- Hagen Graf: *Joomla! 1.5 : Websites organisieren und gestalten mit dem Open-Source-CMS.* Addison Wesley in Pearson Education Deutschland, München 2008, ISBN 978-3-8273-6126-4
- Daniel Koch: *Joomla!-Workshop-DVD*, ISBN 9783000292736

Von „http://de.wikipedia.org/wiki/Joomla"

LifeType

LifeType ist eine freie Weblog-Plattform mit Unterstützung für mehrere Blogs und Benutzer in einer Installation. Es wurde in PHP geschrieben und benötigt eine MySQL-Datenbank. LifeType ist Freie Software unter der GNU General Public License und wird zum kostenlosen Herunterladen bereitgestellt.

Merkmale

- mehrere Blogs pro Installation
- Subdomains
- mehrere Benutzer pro Blog
- integriertes Medienmanagement (Podcasting, automatische Vorschaubilder, mehrere Dateien gleichzeitig, Dateibrowser)
- Plugins
- Anti-Spam-Funktionen (Bayesischer Spam-Filter, Kommentar-Moderation, Captcha - inklusive eines barrierefreien reCAPTCHA-Plugins, Trackback-Überprüfung)
- XMLRPC
- mobiles Bloggen (Moblog)

Geschichte

Das LifeType-Projekt begann im Februar 2003, als Oscar Renalias für seine private Webseite ein paar Skripts brauchte. Obwohl er damals das Konzept von Weblogs noch nicht kannte, erinnerten die ersten Resultate des Projekts bereits an dieses Konzept. Einige Wochen später schlug Francesc, ein weiteres Gründungsmitglied, die Entwicklung eines Weblog-Systems mit Unterstützung für mehrere Blogs und mehrere Benutzer als bessere Idee vor. So wurde pLog 0.1 am 2. September 2003 mit praktisch allen Grundfunktionen, welche auch heute noch den Kern ausmachen, veröffentlicht. Dazu gehören unter anderem die Template-Unterstützung mit Smarty, Mehrsprachfähigkeit und Plugin-Funktionalität.
Von „http://de.wikipedia.org/wiki/LifeType"

MODx

MODX ist ein freies Content-Management-Framework (CMF) zum Erstellen von Online-Inhalten. Es basiert ursprünglich auf dem CMS Etomite und war in seiner ersten Version ein Mod dieses Systems, woraus sich der Name MODX ableitet.

Das PHP Application Framework besitzt einen schlanken Kern, SEO-Funktionalität und ein Backend auf der Basis von MooTools und MySQL.

MODX wurde im November 2007 von Packt Publishing zum *vielversprechendsten CMS des Jahres* gekürt. 2010 erhielt es bei den, ebenfalls von Packt Publishing ausgerichteten, Open Source Awards den dritten Platz im Bereich CMS. Ziel der Entwickler ist ein Content-Management-Framework mit objektorientiertem Kern, das Webdesignern ein hohes Maß an Flexibilität erlaubt und den Einsatz der neuesten AJAX und Web 2.0-Technologien ermöglicht.

Zu diesem Zweck wurde der Framework-Kern auf Basis der neu entwickelten ORB-Bibliothek *OpenExpedio* (einer freien Erweiterung der Datenbankabstraktionsebene PDO) mittlerweile gegenüber dem Vorgänger Etomite vollständig umgeschrieben.

MODX steht unter GPL und ist kostenlos verfügbar, mittlerweile wird auch ein kostenpflichtiger Support angeboten.

Grundlegende Funktionsweise

MODX zeichnet sich vor allem durch seine Anpassbarkeit und Flexibilität aus. So kann es in der Beispielinstallation der Version *Evolution 1.0.5* mit den Erweiterungen (Plugins) für die wichtigsten CMS-Funktionen – Wayfinder, eForm, Weblogin, AjaxSearch, Breadcrumbs, Ditto und Jot – konfiguriert werden. Diese sind jedoch auch austauschbar oder können nach Belieben ganz weggelassen werden. Anders als bei manch anderen CMS müssen die Parameter dieser Anwendungen nicht zentral und damit einheitlich für alle mit ihnen erstellten Dokumente vorgegeben werden, sondern können in jedem Dokument unterschiedlich eingestellt werden.

Ein wesentlicher Unterschied zu anderen CMS ist die strikte Trennung von HTML, CSS und PHP.

MODX folgt strikt dem MVC-Paradigma (Model View Controller), was vor allem für Entwickler interessant ist.

Für Anwender ist das System flexibel anpassbar, so dass auch ungeübte Redakteure Inhalte einfach, sicher und schnell verwalten können.

MODX kommt, anders als Typo3, ohne Script-Sprache aus.

Templates, Template-Variablen, Snippets und Chunks

Templates

Die Seitengestaltung in MODX basiert auf *Templates*, welche die Struktur und Platzierung von Inhalt von Dokumenten vorgeben. Die Anzahl der Templates ist beliebig. Jedem Dokument kann bei Bedarf ein individuelles Template zugewiesen werden.

Templates können frei und W3C-konform gestaltet werden. Der gesamte HTML-Code einer Seite kann frei definiert werden. Dynamische Inhalts-Elemente und Navigationsstrukturen werden in den Templates mittels einer Platzhalter-Notation eingebunden. Dabei wird zwischen *Template-Variablen*, *Snippets* und *Chunks* unterschieden.

Template-Variablen

Template-Variablen werden beim Anlegen mit einem oder mehreren Templates verknüpft. Wird ein neues Dokument im Backend erzeugt, können diese Varaiblen über die Verknüpfung von Template ↔ Template-Variable im Backend in der Bearbeitungsmaske des jeweiligen Dokuments genutzt werden. Template-Variablen können entweder direkt in das Template geschrieben werden oder vom Redakteur direkt im Content platziert werden.

Chunks

Chunks sind statische HTML-Fragmente (vergleichbar mit einem Textbaustein in der Textverarbeitung), die mittels Platzhaltern in Templates oder Dokumenten eingebunden werden können. Die wichtigste Aufgabe von Chunks besteht darin, nicht den gesamten HTML-Code einer Seite in ein Template schreiben zu müssen, sondern wiederkehrende Elemente (z.B. ein Copyrighthinweis, eine Adresse, ein weiterführender Link), die in unterschiedlichen Templates verwendet werden, auszugliedern.

Einerseits können dadurch neue Templates aus vorhandenen Chunk-Bausteinen zusammengesetzt werden, ohne jeweils den ganzen HTML-Code neu zu erstellen, andererseits ermöglichen Chunks die Änderung eines in mehreren Templates verwendeten Bausteines an zentraler Stelle, ohne alle Templates oder Dokumente einzeln bearbeiten zu müssen. Chunks können Template-Variablen, Plugin-Aufrufe und Link-Platzhalter, als Inhalts-Elemente enthalten, und sind dadurch dynamisierbar. Chunks können kein PHP enthalten!

Snippets

Snippets werden ebenfalls durch Platzhalter in Templates und Dokumenten eingebunden, unterscheiden sich von Chunks aber dadurch, dass sie keine statischen HTML-Fragmente sind, sondern eigene, auf der Programmiersprache PHP basierende Programmlogik enthalten und Datenbankzugriffe ausführen können. Sie sind damit die flexibelsten Template-Elemente.

Das Zusammenspiel von Template-Variablen, Chunks und Snippets stellt bei richtiger Verwendung die strikte Trennung von HTML-Code, Content und Programmlogik sicher und sorgt für eine außerordentliche Flexibilität und Erweiterbarkeit des Systems. MODX wird deshalb manchmal nicht als Content Management System sondern als Content Management Framework bezeichnet. HTML/CSS Kenntnisse sowie Programmierkenntnisse in der Sprache PHP für die Entwicklung von Snippets sind aber vonnöten, um das volle Potential des Systems zu nutzen.

Plugins und Module

Abweichend von einigen anderen Content Management Systemen werden in MODX nur Erweiterungen der Backend-Funktionalität als Plugin bezeichnet. Sie basieren auf PHP Quellcode und werden aufgrund von definierten Systemereignissen ausgeführt. So ist zum Beispiel der in der Grundinstallation enthaltende WYSIWYG-Editor TinyMCE ein Plugin. Module sind ebenfalls Erweiterungen der Backend-Funktionalität, werden aber nicht durch Systemereignisse ausgeführt, sondern weitgehend unabhängig vom Kernsystem eingebunden. Es existieren verschiedene Module, z.B. zum Anlegen mehrerer Dokumente in einem Arbeitsschritt oder zum Import und Export von Daten.

Sicherheit

MODX wurde bislang nicht Ziel systematischer Angriffe. User sollten dennoch aufgrund bekannt gewordener Schwachstellen immer auf die jeweils aktuellste Version upgraden.

Versionen

Seit dem 22. Juli 2010 steht mit *MODX Revolution* (Versionsnummer: 2.0.0-pl) eine zweite Release-Version für MODX bereit. Der bisher geführte Entwicklungsstrang mit der aktuellen Versionsnummer 1.0.5 wurde zudem in *MODX Evolution* umbenannt. Bei MODX Revolution handelt es sich um eine grundlegende Neuentwicklung, für die bislang noch weniger Snippets zur Verfügung stehen als für MODX Evolution. Für den produktiven Einsatz stehen damit zwei alternative Versionen bereit.

besondere Merkmale von MODX Revolution

- objektorientierter Kern auf der Basis von OpenExpedio (xPDO)
- objektorientierte und konsistentere API
- neuer Manager auf der Basis von Smarty, Ext (1.0) und MooTools
- flexiblere Installation und Aktualisierungen
- vereinheitlichtes Rollenmodell
- verbesserte Internationalisierung
- Konzept der Kontexte

Von „http://de.wikipedia.org/wiki/MODx"

Magnolia (CMS)

Magnolia ist ein freies Content-Management-System (CMS) auf Java-Basis. Das System unterstützt zahlreiche Standards wie JSR 168, JSR 170. Die Bedienung von Magnolia erfolgt vollständig über den Browser: Hier unterstützt das System nicht nur den Internet Explorer und Firefox sondern auch Safari und Mozilla Camino unter Mac OS. Entwickelt wird Magnolia von der Magnolia International Ltd. (ehemals Obinary Ltd.) aus Basel.

Geschichte

Magnolia wird seit 2003 entwickelt und wurde anfangs als reine Open-Source-Software vertrieben. Seit 2006 ist Magnolia in zwei Versionen erhältlich: Die Community-Edition ist unter GPL verfügbar, die kostenpflichtige Enterprise-Version enthält zusätzliche, wichtige Funktionen wie z.B. Versionierung.

Resonanz

Das unabhängige Unternehmen *Real Story Group* (ehemals *CMS Watch*) hat Magnolia in seine umfassende CMS-Marktübersicht aufgenommen. Magnolia ist dort mit z.B. eZ Publish und Clickability der Kategorie "Mid-Range Products" zugeordnet.

Ein Vergleich in der Zeitschrift iX vom Dezember 2007 stellte Magnolia in Version 3.0.2 den Redaktionssystemen Apache Lenya und OpenCMS gegenüber und stellte heraus, dass Magnolia "als Einziges der drei Systeme den Java-Content-Repository-Standard JSR-170" nutzt. Im Fazit wurden Design und Ergonomie hervorgehoben: "[Das CMS] macht von der Architektur und von der Oberfläche her den besten Eindruck." Zu den Unterschieden zwischen den verschieden lizenzierten Varianten wurde festgestellt: "Während die kostenpflichtige Enterprise Edition einen großen Funktionsumfang besitzt, fehlen der freien Community Edition einige wichtige Funktionen wie der Seitendesigner und die Versionierung."

Von „http://de.wikipedia.org/wiki/Magnolia_(CMS)"

Mambo (CMS)

Mambo (früher als Mambo Open Source bzw. MOS bezeichnet) ist ein freies Web-Content-Management-System (WCMS). Es basiert auf der serverseitigen Skriptsprache PHP, die ebenso wie die verwendete Datenbank MySQL unter einer freien Lizenz steht. Mambo wird seit Juni 2008 nicht mehr aktiv weiterentwickelt, so dass auch eventuelle Sicherheitslücken nicht mehr behoben werden.

Viele Anwender haben Module und Komponenten für Mambo erstellt, die sie der Nutzergemeinde meist kostenfrei zur Verfügung gestellt haben. Auf diese Weise bietet Mambo einen beachtlichen Funktionsumfang, der praktisch alle üblichen Anwendungen abdeckt.

Gerade im deutschsprachigen Raum hatte Mambo eine große und aktive Anhängerschaft. Im Mai 2005 kamen Nutzer, Unternehmen und Verlage in Bonn zu einem Kongress zusammen, dem ersten und zugleich vorletzten „Mamboday". Aber auch weltweit hatte Mambo einige Bedeutung – so wurde ihm z. B. der LinuxUser & Developer Award 2004 verliehen.

In vielen Nutzerforen lassen sich Hilfe und Patches für die relativ hohe Zahl an Fehlern finden.

Voraussetzungen

Mambo benötigt die serverseitige Skriptsprache PHP sowie die Datenbank MySQL. Für eine problemlose Nutzung ist darüber hinaus Webspace mit der PHP-Einstellung "Safe Mode Off" empfehlenswert. Für die Installation wird die aktivierte zlib-Bibliothek von PHP benötigt.

Barrierefreiheit

Mambo ist im Entwicklungszweig 4.5.x nicht für Barrierefreiheit optimiert. Öffentliche Verwaltungen sind in Zukunft verpflichtet, ihre Seiten barrierefrei zu gestalten, so dass Mambo dort nicht einsetzbar ist. Es gibt jedoch eine Reihe von Entwicklern, die Mambo so erweitert haben, dass eine barrierefreie Nutzung - wenn auch mit eingeschränktem Funktionsumfang - möglich ist. Weiterhin gibt es mit xMambo ein Derivat von Mambo Version 4.5 mit dem Schwerpunkt auf Barrierefreiheit, siehe auch Abschnitt *Derivate*.

Derivate

xMambo

xMambo ist eine 2004 erstellte Abspaltung von Mambo (Version 4.5). Schwerpunkt von xMambo sind die Einhaltung aktueller Webstandards (XHTML 1.0, CSS, Section 508/WAI), der Verzicht auf tabellenbasiertes Webdesign und damit Barrierefreiheit. xMambo ist in seiner aktuellen Version 4.5 r1.0.8 jedoch nicht so umfangreich im Hinblick auf Funktionen, Gestaltungsvorlagen und Unterstützung durch die Mambo-Community wie Mambo. Ob und wann xMambo weiterentwickelt wird, ist zurzeit unklar.

Limbo / LaniusCMS

Limbo war ein CMS auf Basis von Mambo, benötigte jedoch keine Datenbankanwendung wie z.B. MySQL, sondern speicherte die Inhalte stattdessen in Textdateien (eine sogenannte FlatDB). Dies führte bei kleinen Websites zu Geschwindigkeitsvorteilen und ermöglichte die Ausführung auch auf Webspace-Angeboten ohne MySQL-Datenbankunterstützung. Nachteilig war, dass mit Limbo keine mehrsprachigen Webseiten erstellt werden konnten.

Limbo wird nicht mehr weiterentwickelt. Ein Fork des Projektes nannte sich *DrakeCMS*. 2008 wurde das Projekt in LaniusCMS umbenannt und nutzte (und erweiterte) weiterhin das Feature einer FlatDB (hier: GladiusDB und SQLite). Mit *LaniusCMS* konnten auch mehrsprachige Webseiten angelegt und gepflegt werden.

Joomla!

Joomla! ist ein Community-Projekt, das nach einem Streit über kommerzielle Vermarktung und Communitybeteiligung aus Mambo hervorgegangen ist und von vielen der ursprünglichen Entwickler von Mambo getragen wird.

Am 4. August 2005 gründete das Unternehmen Miro als Initiator des Mambo-Projekts die „Mambo Foundation", in die künftig die Entwickler eintreten sollten und die die Arbeit koordinieren und finanzieren sollte. Es entwickelte sich eine Diskussion in der Community, ob dieser Schritt ohne ausreichende Beteiligung der Entwicklergemeinde gegangen worden sei.

Viele der Kernentwickler von Mambo fühlten sich übergangen und schlossen sich daraufhin in der neu gegründeten Stiftung *Open Source Matters* zusammen. Da das Unternehmen Miro die Namensrechte an Mambo besaß, wurde von den in *Open Source Matters* zusammengeschlossenen Entwicklern eine Projektaufspaltung (engl. *fork*) vorgenommen, und diese Abspaltung unter dem Namen Joomla! unabhängig von Mambo weiterentwickelt.

MiaCMS

MiaCMS ist eine Abspaltung der Mambo-Version 4.6.3. Am 12. Mai 2008 wurde als erste Version MiaCMS 4.6.4 veröffentlicht.

Mambo User Groups (MUGs)

Die sogenannten MUGs sind lokale Gruppen von Mambo-Benutzern und -Entwicklern, die sich regelmäßig zusammenfinden, um Informationen über Mambo auszutauschen, Projekte zu planen und natürlich, um sich kennenzulernen und somit die soziale Komponente von Open-Source-Software zu pflegen.

Literatur

- Robert Deutz: *Mambo*. Springer Verlag, Berlin Heidelberg 2005, ISBN 978-3-540-22158-6.
- Tobias Hauser, Christian Wenz: *Mambo - Das Open Source-CMS einsetzen und erweitern*. Carl Hanser Verlag, München Wien 2006, ISBN 3-446-40446-5.

Von „http://de.wikipedia.org/wiki/Mambo_(CMS)"

Movable Type

Movable Type (dt.: „Bewegliche Letter") ist ein weit verbreitetes freies (unter GPL) Weblog Publishing System, das vom kalifornischen Unternehmen Six Apart entwickelt wird. Der ursprüngliche Name war „Serge", nach dem Musiker Serge Gainsbourg.

Six Apart unterhält noch zwei andere Weblog-Publishing-Systeme, nämlich TypePad und Vox. Während Movable Type auf den eigenen Webserver des Benutzers installiert werden muss, handelt es sich bei TypePad um einen gehosteten Dienst. Vox, ein ebenfalls gehosteter Dienst, stellt gegenüber TypePad den Gemeinschaftsaspekt in den Vordergrund.

Die aktuelle Version von Movable Type ist Version 5.

Funktionsumfang

Eine seiner wohl bekanntesten Funktionen ist TrackBack, die in Version 2.2 eingeführt wurde und seither in vielen anderen Blog-Systemen umgesetzt wurde. Movable Type unterstützt viele Weblogging-Funktionen wie etwa Benutzerkonten, Kommentare, Beitragskategorien und Themes. Viele Plugins anderer Hersteller bieten weitere Funktionalitäten.

Lizenzierung

Version 3.0 führte ein neues Lizenzmodell ein: Als Privatperson konnte man die Software kostenfrei nutzen, daneben gab es spezielle Lizenzmodelle für Firmen, Bildungseinrichtungen und Non-Profit-Organisationen. Vor der Version 3.0 hatte jedermann die Software in vollem Umfang frei nutzen können; Version 3.0 beschränkte die Anzahl von Autoren und Weblogs je nach erworbener Lizenz.

Nachdem viele Benutzer ihren Unmut über dieses Lizenzierungsmodell durch Wechsel zu anderen Plattformen wie etwa WordPress zum Ausdruck brachten, nahm Six Apart mit Version 3.2 die Änderungen wieder zurück.

Version 4.0 wurde im Dezember 2007 unter die GPL gestellt.

Am 23. Juni 2009 wurde die Entwicklung des Forks *Melody* durch Entwickler aus der *Movable Type Community* bekanntgegeben.

Technik

Movable Type ist in Perl geschrieben und unterstützt das Ablegen der Webloginhalte und der damit verbundenen Daten in MySQL, Berkeley DB, PostgreSQL und SQLite. Das System unterstützt statische Seitengenerierung, bei der Dateien für jede Seite aktualisiert werden, sobald sich der Inhalt ändert, dynamische Seitengenerierung, bei der die Seiten aus der zugrunde liegenden Datenbank zusammengefügt werden, sobald der Browser sie anfordert, sowie die Kombination daraus.

Von „http://de.wikipedia.org/wiki/Movable_Type"

moziloCMS

moziloCMS ist ein unter GPL lizenziertes freies Content-Management-System, das auf PHP aufbaut. Es benötigt keine Datenbank, sondern verwaltet seine Daten in Dateien. Eine eigene Syntax für die Text- und Inhaltsformatierung gestattet auch Benutzern ohne HTML-Kenntnisse die Pflege ihres Internetauftrittes. Workflow und Benutzerverwaltung werden nicht unterstützt.

Aufgrund seiner Eigenschaften eignet es sich vor allem für Internetauftritte von Privatpersonen und kleinen Unternehmen. Bei der Entwicklung von moziloCMS liegt das Hauptaugenmerk auf Einsteigerfreundlichkeit, ausgewiesene Zielgruppe sind absolute Anfänger.

Voraussetzungen

Der Betrieb von moziloCMS setzt einen Webserver voraus, der PHP 4.3.2 oder höher unterstützt. Für die Verwendung der Fotogalerie kann optional die GD Library installiert sein.

Von „http://de.wikipedia.org/wiki/MoziloCMS"

Nucleus CMS

Nucleus CMS ist ein freies, unter der GNU General Public License lizenziertes Web-Content-Management-System (CMS), das in PHP geschrieben ist und eine MySQL-Datenbank verwendet. Es wurde zuerst geschrieben und betreut von Wouter Demuynck. Es wird verwendet, um Weblogs zu betreiben.

Eine Abspaltung des Nucleus CMS ist Blog:CMS, das mehrere Templates („Skins") und Plugins bereits enthält.

Geschichte

Nucleus CMS wurde überwiegend von Wouter Demuynck während seines Informatikstudiums geschrieben. Im Januar 2000 benutzte Demuynck ein Weblog von Blogger.com. Nach einiger Zeit wünschte er sich eine Kommentarfunktion und schrieb dafür ein PHP-Script. Später baute er das Script aus, um mehrere Blogs auf einer Seite zu nutzen.

Von zahlreichen Drittautoren wurden Plug-ins geschaffen, welche die Funktionalität des Systems erweitern. Zu den empfohlenen, sogenannten „essentiellen" Plug-ins gehören unter anderem ein Spamfilter, Trackback-Empfang, die Einbettung externer RSS-Feeds oder Kalender- und Umfragefunktionen.

Rezeption

Nucleus CMS erhält regelmäßig gute

Bewertungen und wird von den Benutzern des opensourceCMS-Archivs beispielsweise tendenziell besser bewertet als der verbreitete Konkurrent WordPress.

Verschiedene Webhoster bieten Nucleus CMS wahlweise als vorinstalliertes Weblogsystem an.

In einer 2007 erschienenen O'Reilly-Veröffentlichung zum Publizieren im Internet wurde Nucleus neben z.B. Movable Type und Textpattern zu den bekanntesten Blog-Systemen gezählt.

Von „http://de.wikipedia.org/wiki/Nucleus_CMS"

OpenACS

Das **Open Architecture Community System (OpenACS)** ist ein Paket von Web-basierter Freier Software, konzipiert für die Erstellung und den Betrieb umfangreicher Websites. Es ist lizenziert unter der GNU GPL.

Das Open Architecture Community System bietet:
- einen großen Vorrat an Applikationen, die für die Entwicklung von Websites genutzt werden können, die Wert auf Zusammenarbeit (engl. collaboration) der Benutzer legen. Die Bandbreite der hiermit entwickelbaren Webpräsenzen ist groß und reicht vom Online-Spieleserver (mit Bezahlfunktion) über Intranets von Vereinen bis zu Lernverwaltungssystemen und Projektmanagement-Software.
- ein umfassendes Toolkit zur Entwicklung von Anwendungen, welche mit einem großen Satz an Programmierschnittstellen und Diensten die schnelle Entwicklung von neuen Applikationen ermöglichen soll. Zu den Funktionen gehören ein Rechtesystem und gemeinsames Objektmodell über alle Applikationen, integrierte Übersetzungs- und Testtools, vereinfachte Ajax-Programmierung, ein Tool zum einfachen Erstellen von Listen und Eingabemasken, Verwaltung mehrerer Webpräsenzen in einer Installation (Subsites / Mandantenfähigkeit) und ein leistungsstarker Online-Applikationsverwalter.

OpenACS läuft auf dem Webserver AOLserver mit entweder Oracle oder PostgreSQL als Datenbank.

Erfolgreiche Projekte, die auf OpenACS basieren, sind z.B. DotLRN, dotFolio und project-open.

Randbemerkung: OpenACS wurde ursprünglich parallel zum *ArsDigita Community System (ACS)* entwickelt, einem Produkt der ArsDigita Corporation. 2002, nach einer Code-Abspaltung, ging der Tcl-Quellcode in die Wartung des OpenACS-Projektes über.

Von „http://de.wikipedia.org/wiki/OpenACS"

OpenPHPNuke

OpenPHPNuke (OPN) ist ein in PHP entwickeltes freies Content-Management-System, welches verschiedene Datenbanken unterstützt.

Kurzbeschreibung

Mit OpenPHPNuke können die Inhalte einer Internetpräsenz einfach via Browser verwaltet werden. Es ist modular aufgebaut und bietet mit weit über 100 verschiedenen Modulanwendungen die Möglichkeit, fast jede Anforderung zu erfüllen.

Im Gegensatz zu anderen PHP-Nuke-Abspaltung, ist die Modularisierung bis in die letzte Spitze des Systems vollzogen worden. Es werden aktuelle Techniken verwendet, um den Sicherheitsanspruch heutiger Internetanwendungen zu erfüllen. So wird zur Benutzer- und Rechteverwaltung ein Unix-ähnliches Rechtesystem verwendet. Umfangreiche Administrationswerkzeuge erleichtern den Umgang im täglichen Betrieb.

Geschichtliches

Die Anfänge

Die Wurzeln von OpenPHPNuke liegen in der Version 4 von PHP-Nuke bzw. dessen Derivat MyPHPNuke (MPN), aus dessen Code wiederum der Grundstein von OpenPHPNuke gelegt wurde. Unzufrieden mit der Entwicklung begannen einige deutsche Entwickler ihre eigene Vorstellung umzusetzen. Als Name fand sich schnell OpenPHPNuke. Mit den Ursprüngen selbst hat OpenPHPNuke, außer der Namensähnlichkeit, nichts mehr zu tun.

OpenPHPNuke

OpenPHPNuke geht verglichen mit PHP-Nuke durch die komplette Überarbeitung des gesamten Systems in vieler Hinsicht neue Wege. So wurden für die Programmierung Codestandards geschaffen, der HTML-Code in weiten Teilen an heutige Webstandards angepasst, die Trennung von Content und Layout in die Wege geleitet. Alle Module sind nach XHTML-Standard validiert. Die in vielen anderen Systemen unterdrückten PHP-Warnings (die zu Lasten des Webservers gehen) werden unter OPN angezeigt und als Bug bezeichnet. Durch das konsequente Ausmerzen dieser Fehlermeldungen gewinnt OPN an Leistung.

Von Dezember 2001 bis September 2003 arbeitete das dreiköpfige Programmiererteam an der Fertigstellung des ersten Releases, unterstützt von ca. 30 aktiven Betatestern. Im Gegensatz zu anderen Systemen wurde der Betatest nicht öffentlich betrieben, um in ruhiger Atmosphäre die Qualität des Codes zu steigern.

Mit der Freigabe des Release Candidat (RC1) im September 2003 ging OPN an die Öffentlichkeit. Kurz darauf wurde die Version 1.0.0 veröffentlicht. Als Besonderheit wurde begonnen, das Versionsprogramm Subversion zu nutzen. Seitdem wird an der Verbesserung und Weiterentwicklung gearbeitet.

Die Köpfe dahinter

Namentlich zu nennen sind hier fünf Entwickler, die OpenPHPNuke kontinuierlich nach Anforderungen des Alltags und der Benutzer weiterentwickeln. Hierfür zeigen sich Stefan Kaletta, Heinz Hombergs, Alexander Weber, Christine Wilke und Rolf Wenger verantwortlich.

Open Source Development

OpenPHPNuke ist in PHP geschrieben und unter der GNU General Public License lizenziert.
Von „http://de.wikipedia.org/wiki/OpenPHPNuke"

PHP-Fusion

PHP-Fusion Version 7 ist ein unter AGPL lizenziertes (alte Versionen standen unter der GPL), ständig weiter entwickeltes freies Content-Management-System, welches auf PHP aufbaut und MySQL als Datenbank verwendet. Die aktuelle Version weist unter anderem eine News- und Artikelverwaltung, Foren, Shoutbox sowie Umfragemöglichkeiten auf. Gestartet wurde das Projekt von Nick Jones, welcher die erste Version am 12. April 2003 veröffentlichte.

Voraussetzungen

Für die reibungslose Verwendung von PHP-Fusion wird ein Webserver mit Apache 1.3x/2.x und PHP 4 (4.1.0 oder höher) benötigt. Seit PHP-Fusion v7.00.06 wird zudem PHP 5.3 unterstützt. Für die Verwendung der Fotogalerie muss die GD Library installiert sein. Die späteren Benutzer benötigen keinerlei tiefergehende Kenntnisse, da der WYSIWYG-Editor TinyMCE integriert ist beziehungsweise BB-Codes verwendet werden können.

Versionen

Version 6

Die letzte Version der v6er Reihe des CMS ist die v6.01.19. Die Version 6 wurde von der Version 7 abgelöst. Es sind keine weiteren Aktualisierungen außer eventuelle Sicherheitsupdates mehr für die v6 vorgesehen. Seit der Final Version von v7.01 am 1. August 2010 wird die v6er Reihe des CMS vom englischen Entwicklungsteam nicht weiter unterstützt.

Version 7

PHP-Fusion v7 ist seit dem 11. August 2008 in der Final Version veröffentlicht. Die Entwicklungen der Version 7.01 haben Ende Januar 2009 begonnen. Die Final Version der Version 7.01 ist seit dem 1. August 2010 freigegeben.

In der v7-Entwicklungslinie fanden viele Neuerungen Einzug wie z.B.:

Layout und Umsetzung
Neues BBCode-System, neues Forumlayout, XHTML, eine neue Themeengine sowie verbesserte Unterstützung von Smileys.

Sicherheit
Neben einem Spam-Schutz wurden unter anderem die Gruppenrechte detaillierter konfigurierbar und Passwörter generell mit ihrem doppelten Hashwert gespeichert.

Funktionen
Unter anderem wurde das Forum verbessert sowie ein Rangsystem implementiert.
Ab der Version 7.01 wird die Verwendung von Sessions hinzukommen.

Sicherheit

Aufgrund der steigenden Bekanntheit von PHP-Fusion wurde das CMS-System ein beliebtes Ziel für Angriffe. Die hierbei aufgetauchten Angriffsarten beschränkten sich bisher auf SQL-Injections und XSS-Attacken. Diese wurden aber in den meisten Fällen nicht durch PHP-Fusion selbst, sondern meist durch unsichere Erweiterungen/Mods Dritter möglich. Während in der v6 noch relativ viele Sicherheitslücken waren, bekam bei der Entwicklung der v7 die Sicherheit des CMS eine erhöhte Priorität.

Zusatzmodule

PHP-Fusion kann über Zusatzmodule, sogenannte *Infusionen*, erweitert werden und erhält dadurch neue Funktionen. Durch diese Infusionen werden dabei die Core-Dateien des CMS nicht verändert, sodass bei Updates von PHP-Fusion diese Erweiterungen weiterhin funktionsfähig sind.

Themes

PHP-Fusion verwendet für die Darstellung des Auftritts ein Template-System. Durch das Template-System ist es möglich, jedem Anwender ein anderes Layout zu geben, ohne dass sich der Inhalt ändert. Der Benutzer selber kann in seinen Profil-Einstellungen ein anderes Layout auswählen, sofern andere Layouts durch den Administrator freigeschaltet sind. Auch ist das Erstellen eigener individueller Themes möglich.

Merkmale

- Mitgliedsystem
- Newssystem
- Artikelsystem
- Downloadsystem
- Forum
- Bildergalerie
- Kontaktformular
- Eigene Seiten
- Schnelle und einfach zu bedienende Administration
- Infusionen (Zusatzmodule) und Themes (Designs)
- Shoutbox
- Benutzergruppen

Kritik

Auf technischer Seite weist PHP-Fusion einige Mängel auf. Die Hauptkritikpunkte sind unter anderem feste Layouttabellen, die im Code vorgegeben sind und dadurch nur eingeschränkte Templatenutzung zulassen und fehlende Kommentare im Quellcode.

Weiterentwicklungen

Es gibt mehrere CMS, die auf PHP-Fusion basieren und von verschiedenen Programmierer weiterentwickelt wurden:

- Pimped-Fusion (basiert auf PHP-Fusion 7.01)
- BS-Fusion (basiert auf PHP-Fusion 6.01)
- Extreme Fusion (wird nicht mehr weiterentwickelt, basierte auf PHP-Fusion 6.00)
- Rabbit-CMS (wird nicht mehr weiterentwickelt, basierte auf PHP-Fusion 7.01)

Von „http://de.wikipedia.org/wiki/PHP-Fusion"

PHP-Nuke

PHP-Nuke ist eine kommerzielle Portal-Software, die Elemente eines einfachen Web Content Management Systems enthält. Es ist unter der GNU General Public License lizenziert. Kern des Skriptes ist eine Benutzerverwaltung sowie ein Artikelsystem für aktuelle Nachrichten.

PHP-Nuke ist eine webbasierte Anwendung, die einen PHP-fähigen Webserver, z. B. Apache oder IIS, und PHP ab Version 4.x. benötigt. Das System unterstützt die Datenbanksysteme MySQL, mSQL, PostgreSQL, Adabas, InterBase und Sybase und die generische Anbindung unter ODBC.

Geschichte

Im Oktober 1999 wurde von Francisco Burzi die erste Version (1.0) des PHP-Nuke-Systems veröffentlicht, das aus dem Projekt Thatware entstanden ist. Damals wurde PHP-Nuke noch für die Version 3.x von PHP geschrieben. Die aktuelle Version 8.1 ist vom August 2007.

Im Herbst 2004 flammte eine Diskussion über Lizenzverstöße Burzis mit dem Ergebnis auf, dass die Versionen bis einschließlich 7.5 kein sichtbares Copyright tragen müssen. Erst ab Version 7.6 muss das Copyright in der Fußzeile der Webseite sichtbar erhalten bleiben.

Softwarepaket

Funktionen der ersten Veröffentlichung

Die erste PHP-Nuke-Version war zweisprachig (Englisch/Spanisch). In der ersten Auflage gab es noch keinen modularen Aufbau des Systems. Dieser wurde mit der Version 5.0 im Jahr 2001 eingeführt. Dadurch wurde es möglich, eigene Module zu programmieren, die heute in vielen Erweiterungen für die eigene Website benutzt werden können.

Im heutigen Grundpaket sind dieselben Funktionen enthalten wie in der ersten Version, jedoch wurde das System um ein Forum erweitert. Im Laufe der Zeit sind die eigenen Ur-Funktionen des Systems selbst zum Modul umgebaut worden.

Funktionen des Grundsystems heute

Die aktuelle Version von PHP-Nuke wird mit einer Reihe von Modulen ausgeliefert, die Funktionen zur Handhabung von Werbeflächen ebenso ermöglichen wie die Verwaltung eines Fragen-und-Antworten-Katalogs, eines Kontaktformulars, der Mitgliederliste, eines Artikelsystems einschließlich eines Archivs, kategorisierter Downloads und Weblinks, Umfragesystems und einer systemweiten Suche. Benutzer können in einem sogenannten Journal einfache Weblogs erstellen, Artikel vorschlagen, persönliche Mitteilungen an andere Benutzer verfassen, die Website weiterempfehlen und Statistiken abrufen.

Das Layout der Website kann durch Themes angepasst werden. Die Webschnittstelle ist an die jeweilige Landessprache anpassbar (Lokalisierung).

Zudem gibt es einen WYSIWYG-Editor und Hilfsmittel zur Datenbankverwaltung.

Technischer Aufbau

Die Möglichkeit durch zusätzliche Komponenten, die als Module bezeichnet werden und nur eingesteckt werden müssen, die eigene Webseite zu erweitern, macht das System flexibel. So gibt es heute hunderte freier Module, vom Download-Script, Forum, Kalender und Fotogalerie bis hin zum Veröffentlichen externer Inhalte, wie etwa für das Open Directory Project oder per RSS von anderen Websites aktuell übermittelte Nachrichtenkurzbeschreibungen.

Viele von externen Entwicklern vorgelegte modulare Weiterentwicklungen sind hinsichtlich ihrer Funktionalität den in PHP-Nuke beiliegenden weit überlegen. An der Beibehaltung der teilweise veralteten Module, die überwiegend nur an die Versionen angepasst wurden, wurde aber seitens des Hauptentwicklers Francisco Burzi festgehalten.

Es existieren tausende verschiedener Designs, die hier Themes genannt werden. Ergänzt durch sogenannte Blöcke, können vielfältige Informationen an jeder Stelle der Webseite relativ frei positioniert werden.

Der Quellcode ist einfach gehalten, was eigene Erweiterungen auch durch Anfänger zulässt.

Sicherheit

PHP-Nuke ist wenig ausgereift und mit vielen Fehlern übersät, die seit langer Zeit von einer Version zur anderen mitgeschleppt werden. So werden bis heute immer wieder grobe Sicherheitslücken innerhalb des Systems bekannt. Die Portierung des phpBB-Forum stellt ein gravierendes Sicherheitsproblem in PHP-Nuke dar. Allein im Jahr 2005 wurden mindestens zehn gravierende Sicherheitslücken bekannt. Die deutsche und internationale Nutzerszene hat daher innere Sicherheitsmechanismen entwickelt, um bei Sicherheitsproblemen schnell Fehlerbehebungen zur Verfügung stellen zu können, und verfügt über ein funktionierendes Sicherheitssystem. Die Frequenz der Notwendigkeit, Sicherheitsfixe einzuspielen überfordert allerdings viele Webmaster mit allen bekannten Folgen, die deshalb erfolgreiche Hackerangriffe haben können.

Ein wichtiger Ansatz, die in PHP-Nuke enthaltenen Sicherheitslücken zu schließen ist die Entwicklung von Protektorensystemen. Die in Deutschland am häufigsten (auch gemeinsam) eingesetzten Systeme sind die *NukeSentinel* und *NukeHackerTrap* sowie *AdminSecure*, das jedoch für neuere Nuke-Versionen ab 7.5 nicht mehr zur Verfügung steht.

Abspaltungen

Aufgrund der laufenden Versionssprünge mit Abwärtsinkompatibilität und den sich 2003 abzeichnenden erheblichen Sicherheitsproblemen aufgrund von Programmierfehlern entschlossen sich einige deutsche Entwicklergruppen, auf der Basis der PHP-Nuke Version 5.5 eigene Projekte zu entwickeln. Beginnend mit sogenannten *vorkonfigurierten Paketen* (VKP) gingen die Projekte in Abspaltungen über oder werden heute als völlig eigenständige Webportalsysteme betrachtet, die aber allesamt hinsichtlich ihrer gewollten Kompatibilität noch in der Nähe von PHP-Nuke angesiedelt sind. Die als Begriff immer noch bekannten VKP existieren in dieser Form in Deutschland nicht mehr, sie sind im Nachhinein als Entwicklungsstufe zu sehen.

Beispiele für Abspaltungen sind OpenPHPNuke, PragmaMx, Xaraya, Xoops und Zikula.

Literatur

- Markus Chr. Koch: *Das Nukebook*. MITP-Verlag, Juni 2004, ISBN 3-8266-1392-9
- Chris Karakas, Claudio Erba: *PHP-Nuke: Management and Programming*
- Rene Kiesler: *An interview with Francisco Burzi*
- Jens Ferner: *PHPNuke*. Vieweg Juni 2004, ISBN 3-528-05848-X

Von „http://de.wikipedia.org/wiki/PHP-Nuke"

papaya CMS

papaya CMS ist ein freies Web-Content-Management-System (WCMS).

papaya wurde von 2001-2005 kommerziell vertrieben und ist nun unter der GNU General Public License (GPL) frei erhältlich. papaya nutzt die serverseitigen Skriptsprache PHP (5.x), als Datenbank kommt MySQL (empfohlen ab 5.x), SQLite oder PostgreSQL (ab 8.x) zum Einsatz.

Systemarchitektur

Das papaya Content-Management-Systems (CMS) ist eine modular aufgebaute Software, die neben den klassischen Aufgaben eines CMS auch als Framework für neue Spezialanwendungen genutzt werden kann.

Inhalte (Texte, Sprachversionen, Konfigurationsdaten etc.) werden in einer relationalen Datenbank gespeichert. Mediendateien wie Bilder und Videos liegen im Dateisystem und werden von der Anwendung verwaltet und bei Bedarf eingebunden.

Die Hauptfunktionen (wie z. B. Datenbankzugriffe, Authentifizierung, Erzeugung von Menüs im Backend etc.) sind zentral definiert und können über eine Abstraktionsschicht angesprochen werden.

papaya ist in PHP entwickelt und objektorientiert programmiert. Daten werden im XML-Format gespeichert, als Templatesprache kommt XSLT zum Einsatz. papaya nutzt keine selbst entwickelten oder proprietären Script- oder Templatesprachen.

Besonderheiten

Gegenüber vielen anderen CMS zeichnet sich papaya CMS dadurch aus, dass es auf der einen Seite unter der freien Lizenz GPL verfügbar ist, auf der anderen Seite aber ein Unternehmen hinter dem Produkt steht, das Support- und Schulungsangebote bietet. Eine weitere Besonderheit ist die hauptsächlich in Deutschland stattfindende Entwicklung: Das gesamte Angebot richtet sich an deutschsprachige Nutzer.

Barrierefreiheit

Aufgrund der klaren Trennung von Inhalten und Layout und der Formatierung über XSL/XSLT kann papaya barrierefreie Seiten ausgeben. Alle Möglichkeiten von (X)HTML sind auch mit papaya umsetzbar - dies liegt in der Hand des Entwicklers. papaya ist aufgrund dieser Flexibilität für Barrierefreiheit geeignet. Das mit papaya realisierte Portal "weisse Liste" hat 2009 den Biene Award in silber erhalten . Und im Dezember 2010 den Goldenen Biene Award für die Umsetzung der DRadio Wissen Webseite

Resonanz

In einem 2007 veröffentlichten Vergleich verschiedener Redaktionssysteme auf PHP-Basis in der Computerzeitschrift iX wurde Papaya in der Version 4.0.5 den Systemen Typo3, Joomla, Drupal und Redaxo gegenübergestellt. Ein Fazit lautet: *"Papaya schickt sich an, als leichter zu bedienendes und dennoch leistungsstarkes, konsequent auf offene Standards setzendes System in die Typo3-Liga vorzustoßen. Der geringe Bekanntheitsgrad bremst diese Entwicklung allerdings."* Erwähnt wurden auch die hohe Geschwindigkeit des Systems und der Mangel an Dokumentation und Community.

Merkmale und Funktionen

Basissystem

- basiert auf offenen Techniken (PHP/XSLT/XML/MySQL oder PostgreSQL)
- kompatibel zu MySQL, PostgreSQL, SQLite
- strikte Trennung von Layout und Logik durch XSLT-Templates
- barrierefreie Seiten problemlos möglich
- optimiert für Suchmaschinen
- intelligentes Caching-System für Seiten und Teilinhalte
- automatische Skalierung von Bildern, Flashdateien etc.
- Bildbrowser zur übersichtlichen Anzeige
- WYSIWYG Editor
- getrennte Benutzerverwaltung für Seitenautoren und -besucher
- Work-flow Abbildung
- leicht erweiterbar durch PHP-Klassen

- Versionierung / Staging
- automatische Erzeugung von Sitemaps
- integriertes Nachrichtensystem
- Erstellung von Aliasen („Kurz-URLs")
- Cronjobs zur Automatisierung von Aufgaben
- Protokollierung von Benutzeraktionen und Systemmeldungen
- Übersetzungsmodul zum Hinzufügen weiterer Sprachen für das Backend
- Synchrone Mehrsprachigkeit für Inhalte und Artikelarten (jeder Artikel kann in beliebig vielen Sprachen vorliegen, die unterschiedliche Module nutzen können und unabhängig voneinander veröffentlicht werden können)
- 100 % Unicode- / UTF-8-Unterstützung
- Ausgabefilter (um Artikel z. B. als HTML und alternativ als PDF auszugeben)
- umfangreiche Benutzerdokumentation
- Zentrale Aufgabenübersicht („papaya Today"), in der alle Aufgaben, Nachrichten sowie nicht veröffentlichte Artikel etc. angezeigt werden
- Multi-Site Funktionen (Auslieferung unterschiedlicher Websiteinhalte je Domain / „Virtual Hosts im CMS", Anpassung der Ausgabeformate wie HTML/XML/PDF etc. und Templates/Designs ja nach Domaineinstellungen, Dezidierte Rechtevergabe für alle Systemfunktionen nach Gruppen oder Nutzern
- mehrschichtiges Caching der Seitenausgabe (für XML-Ausgabe der Seitenmodule, Ausgabe von Boxen, komplette Seiten und Unterstützung des [memached] Servers. Ferner Support für [xslcache], um den Bytecode der kompilierten XSLT-Templates vorzuhalten.
- Betrieb auf mehreren Servern (Webcluster) oder auf Basis einer Cloud Computing Infrastruktur möglich
- Support für verschiedene Datenbankserver, die in einem Master-Slave-Verbund oder im Cluster betrieben werden. Trennung der Datenbanken für exklusive Schreibzugriffe und weitere Datenbanken für Nur-Lesezugriffe ist über das Backend möglich.

durch kostenlose bzw. unter der GPL verfügbare Module/Plugins

- Communitymodul
- Blogmodul
- Asset Management / Media-Datenbank für Bilder, Videos und Flashfiles inklusive Bildbearbeitung und Versionierung
- Katalog-Modul für virtuelle Navigationsstrukturen (Navigationen können unabhängig von der tatsächlichen Position des Artikels im Seitenbaum erzeugt werden, Artikel können so auch identisch an mehreren Stellen des Angebotes genutzt werden)
- Rating / Bewertungsmöglichkeit für die Seiten
- Quiz
- Dynamische Erzeugung von Diagrammen
- Seiten versenden
- Seiten bewerten
- Seiten kommentieren
- Themen-Abonnements (Nutzer können sich über Änderungen der Inhalte benachrichtigen lassen)
- FAQ System
- Forensystem
- Linkdatenbank
- Veranstaltungskalender
- Mehrseitige Artikel

Literatur

- Denny Carl: *Webwelten. Fünf CMS auf PHP-Basis*. In: iX Nr. 12/2007, S. 54. - Gegenüberstellung von fünf Redaktionssystemen auf PHP-Basis: Typo3, Joomla, Drupal, Papaya, Redaxo

Von „http://de.wikipedia.org/wiki/Papaya_CMS"

Phenotype

Phenotype ist ein 2003 in der Version 1.0 erschienenes freies Web-Content-Management-System für mittlere bis große Websites. Phenotype basiert auf der serverseitigen Skriptsprache PHP in Verbindung mit dem Datenbanksystem MySQL. Die Erstversion wurde von Nils Hagemann und Paul Sellinger auf Basis bereits in Anwendung befindlicher Konzepte entwickelt. Im Jahr 2006 wurde die Software unter der GPL-Lizenz frei veröffentlicht und wird seither als SourceForge Projekt aktiv weiterentwickelt. Die aktuelle Version 2.8 wurde am 13. Februar 2009 veröffentlicht.

Technik

Phenotype läuft in einer typischen LAMP/WAMP Umgebung. Es benötigt einen Webserver mit Unterstützung für PHP ab Version 5 (inkl. GDLib, Safemode = Off, Register Globals = Off, Sessions = On) und eine MySQL-Datenbank (ab Version 4) mit den Rechten für temporäre Tabellen. Für die Installation werden etwa 16 MB Speicherplatz auf dem Server benötigt, sowie zusätzlich Schreibzugriffe des Apache-Benutzers, um Caching zu ermöglichen.

Merkmale

- minimalistisches und ergonomisches Administrationsinterface
- Plattform-unabhängig (Linux, Windows, Mac OS X und andere)
- Installation über eine grafische Oberfläche im Browser
- mehrstufiges Caching (Clusteringeinsatz auf bis zu 6 Rechnern möglich)
- WYSIWYG-Editing (auf Basis von FCKeditor oder TinyMCE)
- Online-Entwicklung (PHP-Code im Browser anpassen)
- Bildbearbeitung (Schneiden, Schärfen, Qualität)
- Versionsverwaltung für Content-Stände
- getrennte Redaktions- und Entwicklerinterfaces
- Debugoptionen für Leistungs- und Indexmessungen in der Datenbank-

klasse
- Paketmanager auf XML-Basis für Im-/Export eigener Applikationen
- Statistiken

Verschiedene Rendering-Schnittstellen
- Web (Standard)
- Print (Druckoptimierung)
- XML (für die Anbindung externer Applikationen)

Von „http://de.wikipedia.org/wiki/Phenotype"

phpwcms

phpwcms ist ein 2003 erschienenes freies, webbasiertes Content Management System für kleine bis mittlere Websites, das von Oliver Georgi entwickelt wurde. phpwcms basiert auf der serverseitigen Skriptsprache PHP. Als Datenbank wird ausschließlich MySQL eingesetzt. Das System wird aktiv weiterentwickelt.

phpwcms verfügt neben den Funktionen eines CMS über Funktionen eines Entwicklungsframeworks, sodass mittels eigenen Programmcodes leicht in den Ausgabeprozess eingegriffen werden kann, ohne den Hauptprogrammcode von phpwcms zu verändern.

phpwcms kann mit Modulen um zahlreiche Funktionen und ganze Anwendungsprogramme erweitert werden, ohne dass eigener Programmcode geschrieben werden muss. Als Modul verfügbar sind unter anderem ein einfacher Shop, Werbebannerverwaltung, Glossar, Google Maps. phpwcms ist mehrsprachig in Front- und Backend.

phpwcms wurde in Anlehnung an die Funktionsweise von TYPO3 entwickelt, positioniert sich aber bewusst darunter und richtet sich an Anwender, die einen schnellen und leichten Einstieg wünschen, ohne auf leistungsstarke und flexible Werkzeuge verzichten zu müssen. So gibt es in phpwcms zahlreiche Replacement Tags; dies sind Platzhalter, die von phpwcms bei der Ausgabe interpretiert und ersetzt werden. Typische Replacement Tags dienen der Generierung von Navigationsmenüs, Verlinkungen, Bildplatzierung oder dem Einbinden von internen oder externen Inhalten.

phpwcms gehört nicht zu den bekanntesten Content-Management-Systemen, ist aber trotzdem eines der meistgenutzten und am längsten verfügbaren Systeme mit einer weltweiten, jedoch wenig organisierten Nutzerbasis. Es wird geschätzt, dass phpwcms weltweit mehr als 25.000-mal eingesetzt wird.

Neben der Möglichkeit sich das System selbst herunterladen, installieren und anpassen zu können, steht phpwcms als angepasstes Installationspaket für *Fantastico* (cPanel) und auch für Plesk Applications zur Verfügung.

Artikel und Magazine
- Macwelt Sonderheft 03/2006, Datenbankgestütztes Web-CMS: Runde Lösung, Volker Riebartsch
- e-media 12/08, Webdesign mit Profi-Werkzeugen (Bildstrecke), Goran Miletic

Von „http://de.wikipedia.org/wiki/Phpwcms"

Plone

Plone ist ein Enterprise-Content-Management-System, geschrieben in der Programmiersprache Python. Version 1 erschien 2002. Es kann für Intranet- und Extranet-Anwendungen, als Document Publishing System und als Groupware-Werkzeug über weite Strecken eingesetzt werden. Zahlreiche Erweiterungen ermöglichen den Einsatz für alle denkbaren Applikationsserver-Aufgaben: z. B. im E-Learning, als Webshop oder als Fotoalbum.

Es baut auf dem Open Source Application Server Zope und dem zugehörigen Content-Management-Framework auf, das von Tausenden von Entwicklern rund um die Welt unterstützt wird. Plone gilt als das erfolgreichste Projekt, das auf Zope basiert. Mit Plone lassen sich durch Verwendung des Frameworks Archetypes sehr einfach (u. a. UML-basierend mittels ArchGenXML) eigene Web-Applikationen entwickeln.

Plone unterstützt verschiedene WYSIWYG-Editoren, seit dem Release 2.1 wird der freie Editor Kupu mitgeliefert. Inhalte können über Workflows freigegeben werden, wobei in den verschiedenen Zuständen die Sichtbarkeit und verschiedene Berechtigungen der Inhaltsobjekte definiert werden können. Die Plone-Oberfläche ist mehrsprachig, mit dem Erweiterungsprodukt LinguaPlone können auch mehrsprachige Inhalte verwaltet werden. Mittlerweile (Stand Mitte 2011) scheint KUPU nicht mehr mitgeliefert zu werden, statt dessen wird CKEditor empfohlen.

Das Plone Collective ist eine Kollektion von Zusatzprodukten für den freien Einsatz auf Plone-Seiten. Es enthält größtenteils Applikationen, die bereits zahlreich auf anderen Plattformen umgesetzt wurden, wie z. B. ein Forum, einen Weblog oder einen Newsletter. Eine gute Übersicht über verfügbare Erweiterungsmodule findet sich auf der Plone-Projektseite.

Literatur
- Hans-Jörg Friedrich: *Content-Management mit Plone : Gestaltung, Programmierung und Administration.* Springer, Berlin/Heidelberg/New York 2006, ISBN 978-3-540-28763-6.
- Andy McKay: *Plone : Das definitive Handbuch für Administratoren und Entwickler.* Addison-Wesley, München/Boston 2005, ISBN 3-8273-2206-5 (Online, abgerufen am 14. März 2007).
- Thomas Lotze, Jan Ulrich Hasecke: *Plone-Benutzerhandbuch.* gocept gmbh & co. kg, Halle 2008, ISBN 978-3-939471-03-5 (Online, abgeru-

fen am 18. Nov 2008).
- Martin Aspeli: *Professional Plone Development*. Packt Publishing Limited, 2007, ISBN 978-1847191984.
- Veda Williams: *Plone 3 Theming*. Packt Publishing Limited, 2009, ISBN 978-1-847193-87-2.
- Maurizio Delmonte et al.: *The Definitive Guide to Plone, Second Edition*. Apress, 2009, ISBN 978-1430218937.
- Tom Gross: *Plone 3 Multimedia*. Packt Publishing Limited, 2010, ISBN 978-1847197665.
- Víctor Fernández de Alba: *Plone 3 Intranets*. Packt Publishing Limited, 2010, ISBN 978-1847199089.
- Robert J Nagle, Alan Runyan, Thomas Lotze, Jan Ulrich Hasecke: *A User's Guide to Plone 4*. Enfold Systems, Inc., 2010, ISBN 978-0615404622.

Von „http://de.wikipedia.org/wiki/Plone"

PostNuke

PostNuke ist ein frei verfügbares Web-Content-Management-System (WCMS), geschrieben in PHP und lizenziert unter der GNU General Public License (GPL). Das Projekt ist mittlerweile eingestellt. Das Team der Postnuke-Entwickler hat mit Zikula ein neues Projekt auf einer komplett neuen Code-Basis gestartet. Es ist aber möglich Inhalte aus Postnuke-Sites zu importieren. Der Support für das Update ist im Juni 2009 ausgelaufen.

PostNuke ist modular aufgebaut. Zusätzliche Features können durch die Installation zusätzlicher Module genutzt werden, beispielsweise mit Artikel, Web-Links, Downloads, FAQ, Bildergalerien, Foren etc. PostNuke verfügt über einen Kern, der neben der Programmierschnittstelle (API), der ADOdb-Datenbankabstraktion (wodurch zukünftig neben MySQL auch andere Datenbank-Systeme unterstützt werden sollen) und dem Smarty-basierendem Templating auch ein umfangreiches Sicherheits-, Benutzer- und Gruppen-Management enthält.

Das Projekt zielt neben seinem klassischen Gebiet der privaten Homepage oder Klein-Community auf den professionellen Einsatz. Dabei war die Einführung des Templating-Systems Xanthia von großer Bedeutung für das Projekt. Dadurch kann Inhalt von Layout weitgehend getrennt werden.

Durch die ursprüngliche Abstammung von *PHP-Nuke* hat PostNuke anfangs auch dessen Ruf von Instabilität und Sicherheitsmängeln übernommen. Um diesem entgegenzuwirken sind die Programmierer nach eigener Aussage sehr um Sicherheit und Stabilität bemüht. Dokumentation und Support gibt es sowohl in der deutschsprachigen Community als auch im internationalen Support-Bereich. Die neue Version 0.8 wurde komplett überarbeitet, sodass sich das Konzept und der gesamte Quelltext von PHP-Nuke unterscheiden. Deshalb wird sie unter dem Namen Zikula in Zukunft veröffentlicht.

Organisation

Hinter PostNuke steht eine große internationale und eine starke deutsche Gemeinschaft. Im Juni 2004 wurde nach Vorbild der Apache Foundation die *PostNuke Software Foundation* als gemeinnützige Organisation in den USA gegründet. Mit den Gründungsmitgliedern Harry Zink, Vanessa Haakansson, Mark West, Karma Dordrak und Andreas Krapohl für den deutschen *PostNuke e. V.* steht die Foundation nicht nur für Stabilität, sondern dient auch als Ansprechpartner für Rechtsfragen oder Spenden.

Einige der deutschen Hauptentwickler sind darüber hinaus auch als PostNuke e. V. organisiert. Der Verein kümmert sich nicht nur um die Entwicklung, sondern auch um die deutschsprachige Dokumentation und die Unterstützung im Forum. Für die Teilnahme an der deutschsprachigen Community ist eine Mitgliedschaft natürlich nicht erforderlich – Mitgliederbeiträge und Spenden werden aber in die Förderung des Projektes investiert und können so auch als Beitrag zur Entwicklung angesehen werden.

Im August 2004 hat der Verein das erste europäische PostNuke-Treffen in Stuttgart veranstaltet, dort trafen sich Entwickler und Anwender aus Deutschland, England, Belgien, Dänemark und Bayern und arbeiteten zwei Tage lang an der Zukunft ihres Systems. Die Neuauflage des *pnMeeting* für Entwickler und Anwender im August 2005 zeigte vor allem das wachsende Interesse von kommerziellen Benutzern an PostNuke. An diesen Erfolg hat man angeknüpft und somit das pnMeeting zu einem festen jährlichen Bestandteil der PostNuke-Community geworden. Im Jahr 2007 fand es an der Universität in Osnabrück statt und legte einen Fokus auf die neue Generation der kommenden Version .8.

Namensänderung

Im Juni 2008 ist aus PostNuke Zikula geworden. Der Name Zikula [sikula:] kommt aus der Zulu-Sprache und bedeutet so viel wie „schnell" und „einfach". Mit dem Namen hat sich auch das vorherige CMS in ein komplettes Web-Applikation Framework gewandelt.

Voraussetzungen

Unterstützte Betriebssysteme

PostNuke ist plattformunabhängig. Es kann auf jedem PHP-fähigen Webserver mit Datenbankanbindung ausgeführt werden. Dabei werden klassische LAMP-Umgebungen bzw. WAMP-Umgebungen empfohlen.

Unterstützte Webserver

jeder PHP-fähige Webserver, z. B. Apache, Internet Information Services, OmniHTTP. Apache mit mod_rewrite-Unterstützung empfohlen

Unterstützte Datenbanken

MySQL

Unterstützte Skriptsprachen

PHP > 4.1, PHP 5, safe_mode und register_globals=off werden unterstützt

Hardware-Voraussetzungen

je nach Anwendungsgebiet, empfohlen sind: 150 MB freier Speicherplatz, rund 10 MB davon für PostNuke, PHP-Memorylimit ab 8 MB, 16 MB empfohlen Abhängig von der eingesetzten Hardware; zusätzliche Optimierungen sind beispielsweise durch eAccelerator möglich

Literatur

- Markus Gossmer, Michael Schumacher, Andreas Schauperl: *Das PostNuke Kompendium*, Springer, Berlin (Mai 2005), ISBN 3-540-21942-0
- Kevin Hatch: *PostNuke Content Management*, Sams (Dezember 2004), ISBN 0-672-32686-8

Von „http://de.wikipedia.org/wiki/PostNuke"

Radiant (CMS)

Radiant ist ein freies Content-Management-System zur (gemeinschaftlichen) Erstellung von Webseiten, das auf dem Web-Framework *Ruby On Rails* basiert. Seit Januar 2007 existiert ein Port nach PHP.

Die Benutzerschnittstelle beinhaltet drei Kernkomponenten: Pages, Snippets und Layouts. *Pages* (Webseiten) beherbergen den Inhalt, der veröffentlicht werden soll, und können aus verschiedenen Teilen bestehen, wie zum Beispiel einer Seitenleiste. Inhalt, der an verschiedenen Orten angezeigt werden soll, kann als *Snippet (Schnipsel)* gespeichert werden. *Layouts* bestimmen den genauen Aufbau einer Webseite.

Zu den weiteren Möglichkeiten von Radiant gehört außerdem eine eigene Makro-Sprache, die *Radius Template Language*, mit der man beispielsweise Inhalte in eine Webseite einbetten oder Inhalte bedingungsabhängig anzeigen lassen kann.

Von „http://de.wikipedia.org/wiki/Radiant_(CMS)"

Redaxo

Redaxo ist ein modular aufgebautes freies Content-Management-System (CMS) für kleine und mittlere Websites, das auf PHP und MySQL basiert. Seit 1999 von der Agentur Pergopa als einfaches, schnell zu erlernendes Redaktionssystem entwickelt, steht es seit Anfang 2004 unter der GNU General Public License, mit der eine lizenzkostenfreie private wie kommerzielle Nutzung möglich ist. Trotz oder gerade wegen seiner einfachen Struktur ist ein hoher Grad an Flexibilität gewährleistet und die Umsetzung vielfältiger Informations-Management-Aufgaben wird ermöglicht.

Technische Voraussetzungen

Um Redaxo beim Erstellen und Pflegen von Webseiten einsetzen zu können, benötigt man einen Webserver mit PHP-Unterstützung und eine MySQL-Datenbank. Auf unzureichende Voraussetzungen weist das Installationsprogramm hin. Für den Einsatz des CMS sind zwar PHP-Kenntnisse hilfreich, doch für die Installation und Anpassung an eigene Vorstellungen mit vorhandenen Modulen nicht unbedingt erforderlich.

- Voraussetzungen der Version 3.x
  - Mindestens 3 MB Webspace für die Installation
  - PHP 4.2.0 oder höher
  - MySQL 3.23.0 oder höher
- Voraussetzungen der aktuellen Version 4.x
  - Mindestens 3 MB Webspace für die Installation
  - PHP 4.3.2 oder höher
  - MySQL 3.23.0 oder höher

Besonderheiten

Redaxo hat ein sehr schlicht gehaltenes und auf grafische Dekoration verzichtendes Backend. Der Administrator kann je nach Bedarf einzelne Funktionen zu- oder abschalten. Dadurch ist Redaxo für kleine Netzauftritte einsetzbar.

Die Inhalte der Webseiten können sowohl in einem Textfeld mit Hilfe von Textile, als auch mit einem WYSIWYG-Webeditor oder mit einzelnen Blöcken für Überschriften, Fließtexte oder Bilder erstellt werden.

Modularer Aufbau

Trennung von Struktur und Inhalt

Redaxo bietet die Möglichkeit Webseiten zu erstellen, die hinsichtlich der individuellen Gestaltung keinerlei Einschränkungen unterliegen. Gleichzeitig wird durch die Trennung von Inhalt, Funktionalität und Design eine leichte und schnelle Bearbeitung gerade auch für mehrere Bearbeiter mit unterschiedlichen Kenntnissen gewährleistet.

Layout

Man braucht grundlegende PHP-, HTML- und CSS-Kenntnisse, um Internetauftritte mit Redaxo realisieren zu können. Das System legt dem Anwender keine Beschränkungen in seinem Layout oder in der Struktur seines HTML-Quelltextes auf. Die Vorlage (es können auch mehrere sein) wird über eine Template-Verwaltung eingefügt und steht dann als Design-Grundlage für beliebig viele Seiten zur Verfügung.

Module und Add-ons

Für die meisten Funktionen hat der Anwender die Wahl zwischen mehreren Modulen, die teilweise auch AJAX benutzen. Bei entsprechenden Programmierkenntnissen können diese weiter den eigenen Wünschen einfach angepasst werden:

- Artikel (sortieren, auflisten, blättern)
- Bilder integrieren
- Formulare
- Galerien
- Gästebücher
- Newsletter
- PopUp

- Sitemap
- Suche
- Shoplösungen
- Community-Addon
- Blogs

Die Community entwickelt ständig neue Module und Add-ons für vielfältige Einsatzzwecke. Sie entstehen aus konkreten Projekten der Communitymitglieder und bieten häufig Lösungen für Spezialfälle. Als Beispiele seien Module für das Einfügen und Anzeigen von Bildern oder unterschiedliche Formular- und Textgeneratoren genannt. Für eigene Erweiterungen sind nahezu keine Grenzen gesetzt.

Mehrsprachigkeit

Redaxo ist dazu ausgelegt, eine Website in beliebig vielen Sprachen mit der gleichen Struktur zu erstellen und zu pflegen. Die Strukturen werden automatisch in allen vorgesehenen Sprachen gespiegelt, die Inhalte können kopiert werden. Seit der Version 3.1 ist auch UTF-8-Codierung möglich.

Barrierefreiheit

Man kann mit Redaxo und der integrierten Textauszeichnungssprache Textile, die ursprünglich aus der Weblog-Software Textpattern stammt, bzw. den Textblöcken barrierefreie Webseiten erstellen. Bekanntermaßen gelingt es WYSIWYG-Webeditoren weniger gut oder gar nicht, valides HTML auszugeben, um aktuelle Webstandards zu erfüllen. Dadurch ist Redaxo im Hinblick auf öffentliche Verwaltungen, die zukünftig verpflichtet sind, ihre Webseiten barrierefrei zu gestalten, von besonderem Interesse. Bei weniger strengen Vorgaben an die Qualität der Quelltextes ist aber die Verwendung von WYSIWYG-Webeditoren wie TinyMCE und FCKeditor möglich.

Die Praxis hat gezeigt, dass Redaxo für Webauftritte bis etwa 2000 Seiten ohne Probleme oder Geschwindigkeitseinbußen einsetzbar ist. Je nach Konzept der Website und den Seiteninhalten können es bei optimaler Planung aber auch mehr werden. Umfangreiche Publikationen erfordern von Beginn an eine überlegte Aufteilung in Kategorien bzw. Unterkategorien, um die Artikel-Übersicht zu wahren.

Das System hat im Kernsystem keine Versionierung und auch kein echtes Workflowmanagement, da es nicht für größere Redaktionen konzipiert ist, bei denen man nachvollziehen können muss, welche Änderungen wann und von wem durchgeführt worden sind. Solche Funktionen können mit Erweiterungen nachträglich ermöglicht werden.

REDAXOWinstaller

REDAXOWinstaller ist eine WAMP-Umgebung für REDAXO. Sie umfasst die normalen Installations-Pakete inklusive der Demoseiten. Die Installation erfolgt per windowsüblicher Installationsroutine. Somit wird ein einfacher Test von REDAXO unter Windows ermöglicht.

Literatur

- Denny Carl: *Webwelten. Fünf CMS auf PHP-Basis.* In: iX Nr. 12/2007, S. 54. - Gegenüberstellung von fünf Redaktionssystemen auf PHP-Basis: Typo3, Joomla, Drupal, Papaya, Redaxo

Von „http://de.wikipedia.org/wiki/Redaxo"

Scuttle

Scuttle ist eine freie Social-Bookmarking-Software auf Basis von PHP und MySQL. Sie wird von Marcus Campbell entwickelt und als freie Software auch im Quelltext unter den Bedingungen der GNU General Public License (GPL) verbreitet. Die erste Veröffentlichung (Version 0.1.0) erfolgte am 21. März 2005.

Funktionen

Scuttle unterstützt die grundlegenden Funktionen wie Tagging, öffentliche und private Links, Benutzerverwaltung und mehrere Sprachen. Außerdem ist das Importieren von Lesezeichen aus dem lokalen Webbrowser und von der bekannten Social-Bookmarking-Website *delicious* möglich. Es unterstützt großteils die Programmierschnittstelle von delicious, wodurch zahlreiche für delicious geschriebene Software-Werkzeuge nach geringfügigen Anpassungen auch mit Scuttle zusammenarbeiten. Es fehlt jedoch ein Administrator-Backend, die Einstellungen werden direkt über Textdateien vorgenommen. Die Weiterentwicklung *Semantic Scuttle* bietet CAPTCHAs zum Schutz vor Spam und einige weitere Funktionen, das kommerziell erhältliche *Scuttle Plus* bietet das fehlende Administrator-Backend an. Datensicherungen können über MySQL-Administrationswerkzeuge oder über eine XML-Ausgabe aller Einträge getätigt werden. Es bietet einen RSS-Feed, über den die neuesten Änderungen automatisiert abgefragt werden können. Eingepflegte Lesezeichen können Web-weit sichtbar, nur registrierten Benutzern zugänglich oder als privat geschaltet werden.

Von „http://de.wikipedia.org/wiki/Scuttle"

Serendipity (Software)

Serendipity (kurz „s9y") ist ein PHP-basiertes Weblog-Publishing-System mit Unterstützung verschiedener Datenbankmanagementsysteme. Serendipity wird als Freie Software unter einer BSD-Lizenz veröffentlicht.

Geschichte

Serendipity wurde im Winter 2002 von Jannis Hermanns unter dem Namen *jB-*

log gestartet. Aufgrund eines Namenskonfliktes mit einem bereits bestehenden Weblog Publishing System wurde von Sterling Hughes der Name serendipity ins Spiel gebracht. Der Vorschlag basiert auf einem Essay von Sam Ruby und der von der Schauspielerin Salma Hayek im Film Dogma gespielten Stripperin. Die Kurzform *s9y* ist an Kurzformen wie l10n angelehnt, wobei die Zahl 9 für die Anzahl der ausgelassenen Buchstaben steht.

Funktionen

Serendipity ist bei seinen Anwendern insbesondere wegen der Auswahl an Plugins (z. B. für Podcasting, Galerien, Mehrsprachigkeit, *Textile*-Markup) und der Smarty-basierten Template-Engine beliebt. Des Weiteren ist ein eingebetteter Betrieb in bestehenden Webseiten möglich (*Embed*-Option), sowie der Betrieb mehrerer Weblogs unter der gleichen Adresse (*Shared*-Option). Seit der Veröffentlichung eines Plugins zur Erstellung und Verwaltung von statischen Seiten kann Serendipity auch als Content-Management-System verwendet werden. Besonders geschätzt wird dabei die einfache Erstellung von Templates und die benutzerfreundliche Einrichtung neuer Seiten.

Literatur

- Garvin Hicking: (2008) *Serendipity. Individuelle Weblogs für Einsteiger und Profis. 1. Auflage* – Open Source Press ISBN 978-3-937514-54-3

Von „http://de.wikipedia.org/wiki/Serendipity_(Software)"

SilverStripe

SilverStripe ist ein auf PHP und MySQL basierendes freies CMS-Projekt des gleichnamigen neuseeländischen Unternehmens.

Besonderheiten

SilverStripe stellt neben den Basisfunktionalitäten eines Content-Management-Systems auch ein integriertes Model-View-Controller-Framework (*sapphire*) bereit, das die Entwicklung von Erweiterungen stark vereinfachen soll. Die Entwickler haben nach eigenen Angaben besonderes Augenmerk auf die schnelle und simple Implementierung von Zusatzfunktionalitäten gelegt.

Module

Die Funktionalität des Systems kann über Module erweitert werden. Momentan stehen bereits folgende Module zur Verfügung:
- Blog
- E-commerce
- External Authentication
- Flickr Gallery
- Forum
- Gallery
- Maps
- Technorati
- Youtube Gallery

Widgets

SilverStripe unterstützt sogenannte Widgets. Diese sind als gekapselte, visuelle Informationsbereiche per Drag and Drop über das Backend neu arrangierbar.

Historie

SilverStripe wurde vor der Version 2.0 kommerziell vertrieben und steht seit Februar 2007 unter der BSD-Lizenz als Freie Software bereit. Die aktuelle Version ist 2.4.

SilverStripe konnte insbesondere durch den von Google jährlich veranstalteten *Google Summer of Code* an Bekanntheit und Qualität gewinnen. Diese Entwicklungsarbeit setzt sich momentan im *Google Highly Open Participation (GHOP) contest* fort.

Im März 2009 wurde SilverStripe für eine vereinfachte WAMP-Installation als eine von zehn PHP- und .NET-Anwendungen in den *Web Platform Installer* (WebPI) von Microsoft aufgenommen.

Technische Anforderungen

Das Model-View-Controller-Framework ist auf die aktuelle PHP-Version angewiesen und kommt nicht mit älteren Versionen zurecht:
- Apache 1.3.19+ mit mod_rewrite oder IIS 7 (aber auch IIS 5 und 6 oder Lighttpd)
- MySQL 5.0+, PostgreSQL 8.3+, SQLite 3+, SQL Server 2008 (aber auch MySQL 4.1, siehe dazu die Silverstripe-Dokumentation)
- PHP 5.2+ mit MySQL, GD2 und Zlib-Unterstützung

Seit Version 2.4.0 werden auch weitere Datenbanken außer MySQL unterstützt. Auch die Alte MySQL-Version 4.1 soll noch funktionieren, wird aber nicht weiter aktiv unterstützt. Ebenso funktioniert Silverstripe wohl auf IIS 5/6- und lighthttp-Servern, die Funktionalität wird jedoch nicht von den Kernentwicklern garantiert.

Von „http://de.wikipedia.org/wiki/SilverStripe"

Spip

SPIP ist ein freies Web-Content-Management-System.

Einleitung

SPIP (Système de Publication pour l'Internet Partagé) ist ein Anwendungsprogramm, das zur Erstellung von Websites dient. Ursprünglich für die Gestaltung kollektiver Internetzeitungen gedacht, ist es inzwischen zu einem vielseitigen CMS herangewachsen. SPIP steht unter den Bedingungen der GPL als freie Software kostenlos zur Verfügung.

Seine sehr einfache Installation, Handhabung und Wartung ermöglicht einem breiten Benutzerkreis den Zugang zur Erstellung von kollektiven

Webprojekten.

SPIP ist im französischsprachigen Raum entstanden und hat hier seine größte Verbreitung. Sein Maskottchen ist ein Eichhörnchen (in einigen Dialekten Belgiens sagt man Spip für Eichhörnchen) nach seinem Namensvetter Pips (frz. Spip), dem Haustier des Comic-Helden Spirou.

Präsentation

SPIP ist das meistgebrauchte freie CMS im französischsprachigen Raum, wird aber auch in zahlreichen anderen Sprachräumen angewandt. Es wird heute für über 25.000 Websites benutzt und ist dank seiner freien Lizenz (GNU GPL) jedem zugänglich.

Seine Hauptcharakteristiken entstammen dem Bereich der Onlinepublikation. Eingesetzt wird es in ganz verschiedenen Bereichen: institutionelle Einrichtungen (die französische Post http://www.laposte.fr, einige französische Ministerien), Online-Zeitungen (Le Monde diplomatique http://www.monde-diplomatique.fr), gemeinnützige Vereinigungen, universitäre (http://www.e-juristes.org/) sowie private Websites.

SPIP 2 vollzieht den Schritt vom klassischen CMS zur Entwicklungsplattform für Anwendungen mit verteilten Datenbanken. Die Kompatibilität mit älteren Versionen bleibt erhalten. Das neue SPIP ist für zwei Nutzergruppen mit geringen oder umfangreichen technischen Kenntnissen konzipiert, so dass es weiterhin leicht zu erlernen ist, dabei aber zahlreiche neue Funktionen bietet.

Technik

Das Programm ist in PHP geschrieben und funktioniert mit der Datenbanktechnik MySQL.

Geschichte

Ursprünglich wurde SPIP für das Online-Magazin uzine.net geschrieben. Seine Entwickler entschieden, es unter die freie Lizenz GPL zu stellen. Ab 2001 wird SPIP für weitere Websites verwendet.

SPIP liefert einen Cache-Mechanismus, eine Authentifizierung, automatisierte Installierung sowie ein Administrations-Interface mit Artikeleingabe etc. Mit SPIP können dank der bestehenden Dokumentvorlagen – Skelette genannt – dynamische Webseiten erstellt werden, ohne dass PHP-Kenntnisse nötig sind.

Seit der Version 1.6 (Anfang 2003) wird die private Schnittstelle von SPIP mehrsprachig angeboten. Ein Übersetzerraum wird eingerichtet, um weitere Übersetzungen zu ermöglichen.

Ab 1.7 (Januar 2004) können mehrsprachige Websites verwaltet werden. SPIP wird um ein Suchmodul sowie Webseiten-Indexierung erweitert. Außerdem kann nun über Syndikation der Inhalt anderer Webseiten eingebunden werden.

Mit Version 1.8 (April 2005) wird ein komplett überholtes privat-Interface angeboten. Für die Entwickler von SPIP gibt es jetzt einen Compiler, der die gemeinsame Arbeit erheblich bereichert und neue Perspektiven eröffnet. SPIPs Skelette können komplexer gestaltet werden, ganz ohne Gebrauch von PHP.

Mit der Version 1.9 (Juli 2006) wird der Gebrauch von Plugins eingeführt. Die Organisation der Dateien ist neu geordnet und die Dateiendung wechselt von php3 zu php.

Mit 1.9.1 wird das System der Modelle eingeführt, nach dem Vorbild der Vorlagen von Wikimedia.

Version 1.9.2 ändert die Anordnung der Systemordner, um eine bessere gemeinschaftliche Nutzung der Codequellen zu ermöglichen.

Version 2.1 bringt ein modularisiertes Redaktionssystem und eine Weiterentwicklung von Plugin- und Layoutsystem. Mehrere Layout-Frameworks ermöglichen nun, eine Anwendung und ihr Layout per Klick zusammenzustellen. Das wichtigste Layout-Framework ist *Z für SPIP* (ZPIP).

Literatur

Anne-Laure Quatravaux, Dominique Quatravaux, et Sandrine Burriel: *Spip 2 : Premiers pas pour créer son site web*, Eyrolles, 2009, ISBN 978-2-212-12502-3 (französisch)

Matthieu Marcillaud: Programming with SPIP, Englisch, Book on Demand http://www.lulu.com/product/couverture-souple/programming-with-spip/12192385, Französisch: http://www.lulu.com/product/paperback/programmer-avec-spip/11019986

Von „http://de.wikipedia.org/wiki/Spip"

TYPO3

TYPO3 ist ein freies Content-Management-Framework für Websites, das ursprünglich von Kasper Skårhøj entwickelt wurde. TYPO3 basiert auf der Skriptsprache PHP. Als Datenbank kann MySQL, aber auch etwa PostgreSQL oder Oracle eingesetzt werden. Das System wird von zwei Teams, jeweils einem für Version 4 und einem für Version 5, weiterentwickelt.

Der Name TYPO3 stammt daher, dass Skårhøj durch einen Tippfehler (englisch „typo") bei der Entwicklung einen Teil seiner Arbeit verlor. Die Zahl „3" wurde dem Namen schließlich angehängt, nachdem die dritte Version des Systems durch ihren Erfolg als eine Art Marke bekannt wurde.

Zahlreiche Funktionen können mit *Erweiterungen* integriert werden, ohne dass eigener Programmcode geschrieben werden muss. Die derzeit über 5000 Erweiterungen stammen zum größten Teil von anderen Anbietern und sind kostenlos verfügbar. Erhältlich sind unter anderem News, Shop-Systeme oder Diskussionsforen. Das System ist auf Mehrsprachigkeit ausgelegt und wird von einer Anwender- und Entwicklergemeinde aus aller Welt betreut. TYPO3 gehört zusammen mit Drupal, Joomla! und WordPress zu den bekanntesten Content-Management-Systemen aus dem Bereich der freien Software, und wird vor allem im deutschen Sprachraum sehr häufig eingesetzt.

Verwendung

Es wird geschätzt, dass TYPO3 weltweit mehr als 500.000 Mal eingesetzt wird. TYPO3 stellt hohe Anforderungen an die Leistungs- und Konfigurationsfähigkeit des verwendeten Servers. Die Einarbeitungszeit für einen Website-Entwickler beträgt mehrere Wochen bis Monate, für einen Autor oder Redakteur je nach freigeschalteten Funktionen wenige Minuten bis einige Stunden. Ein Entwickler, der eine TYPO3-Website einrichten möchte, muss sich in der Regel intensiv mit der Metasprache TypoScript beschäftigen.

Im Gegensatz zu kommerzieller Software gibt es bei TYPO3 keinen Support durch den Hersteller bzw. Entwickler, dafür aber durch die Anwendergemeinde (Bugtracker, Foren und News-/Mailinglisten) und eine große Anzahl an Web-Agenturen. Viele Unternehmen haben sich auch darauf spezialisiert, Websites in TYPO3 zu erstellen oder Website-Hosting mit vorinstalliertem TYPO3 anzubieten.

Bedienung

TYPO3 wird auf einem Webserver installiert und mit einem Webbrowser benutzt. Außer einem Browser ist zur Benutzung keine Zusatzsoftware erforderlich. Die Nutzung von TYPO3 gliedert sich in drei große Bereiche: Die Erstellung des Website-Designs, die Konfiguration von TYPO3 mittels *TypoScript* und die Eingabe des Website-Inhalts.

TYPO3 enthält ein Backend, das der Pflege der Website dient und ein Frontend, das die Website selbst darstellt.

Im TYPO3-Backend wird die Website verwaltet. Dort wird TYPO3 konfiguriert, werden Inhalte erstellt und bearbeitet. Ein WYSIWYG-Editor erlaubt es Anwendern ohne HTML-Kenntnisse, redaktionelle Arbeit zu erledigen. Alternativ kann die Bearbeitung von Inhalten auch direkt über das Frontend der Website erfolgen. Diese Option bietet einen schnelleren Einstieg in das System.

Funktion und Architektur

Zu den Funktionen gehören unter anderem zeitliche Steuerung zum Ein- und Ausblenden von Inhalten, ein Rollen- und Rechtesystem, eine Suchfunktion für statische und dynamische Inhalte, suchmaschinenfreundliche URLs, eine automatische Sitemap, eine Nutzerverwaltung und Mehrsprachigkeit des Backends und Mehrsprachenfähigkeit des Frontends. Weitere, über verschiedene Zusatzmodule (sogenannte *Erweiterungen*) integrierbare Funktionen, sind beispielsweise ein Gästebuch, ein Forum, das Verfassen und der Versand eines Newsletters oder eine Statistik der Seitenaufrufe. Bilder, Texte, Tabellen, Animationen sowie externe Datenquellen können in TYPO3 (zum Teil über Erweiterungen) verwaltet werden.

Templates, in denen Seitenaufbau und Formate definiert werden, erleichtern die Darstellung von Inhalten. Inhalte werden über frei konfigurierbare Eingabemasken eingegeben, zum Beispiel in Form des enthaltenen Rich-Text-Editors, der über eine an gängige Textverarbeitungen angelehnte, WYSIWYG-artige Oberfläche verfügt. Eine integrierte Bildverarbeitung ist vorhanden. Der *Objektmanager* gestattet es, grafische Elemente zu skalieren, zu drehen, Rahmen hinzuzufügen etc., wobei TYPO3 in Verbindung mit dem Bildkonverter ImageMagick und GDLib eine modifizierte Bilddatei im neuen Format erzeugt.

TYPO3 wird intern über verschiedene PHP-Arrays gesteuert. Sie enthalten alle Informationen, die notwendig sind, um aus den in einer Datenbank gespeicherten Inhalten über TypoScript-Befehle HTML-Code zu erzeugen. In der Regel kann man fast jede Ausgabe und viele Backendeinstellungen über Änderungen der Konfiguration in den Arrays anpassen. Der dadurch während der Laufzeit der PHP-Skripte am Webserver benötigte Speicher ist deshalb von Bedeutung.

Die Inhalte und Parameter werden in einer relationalen Datenbank gespeichert und stehen unabhängig von dem jeweils verwendeten Template zur Verfügung. Dadurch kann das Erscheinungsbild einer Internetpräsenz theoretisch allein durch Austausch des Templates vollständig geändert werden, ohne die Inhalte anzufassen. Ebenso können dieselben Inhalte in unterschiedlichen Layouts oder Ausgabeformaten (zum Beispiel XML oder LaTeX) präsentiert werden.

Während in früheren Versionen die MySQL-Datenbank direkt angesprochen wurde, kann nun mit dem optionalen Database Abstraction Layer DBAL zwischen einer Anzahl gängiger SQL-Datenbanken gewählt werden, darunter als Open-Source-Alternative PostgreSQL, als kommerzielle Variante Oracle.

Ein integriertes Caching-System speichert Ergebnisse vorher definierter Datenbankaufrufe zwischen. So wird gerade bei hoch frequentierten Seiten die CPU-Belastung gesenkt, die Anzahl der Datenbankabfragen verringert und die Seite damit schneller ausgeliefert.

Gestaltungselemente

Gestaltung und Programmierung mit TYPO3 können über folgende Elemente erfolgen:

- Seitenbaum: Veränderung der Struktur und Eigenschaften der Seiten einer Website
- TYPO3-Konstanten: Universell gültige Parameter
- HTML-Template: Einfaches HTML-Gerüst mit *Markern* (zum Beispiel „###MARKER###") und *Subparts* (zum Beispiel „<!-- ###INHALT### Beginn --> ... <!-- ###INHALT### Ende -->"), die von TYPO3 durch verschiedene Inhalte (Seitennavigation, Texte, Grafiken etc.) ersetzt werden.
- *TypoScript*-Template: Mit dieser internen Konfigurationssprache wird beschrieben, wie TYPO3 die Inhalte ausgibt.
  - Die Ausgabe von Seiten ist auch ohne HTML-Templates – mit reinem TypoScript-Code – möglich.
- Erweiterungen: Einrichtung zusätzlicher Module
- PHP: Die TYPO3-Funktionen sind in PHP geschrieben und können von Anwendern, die besondere Zusatzfunktionen realisieren wollen, geändert oder ergänzt werden.

Hervorzuheben ist hierbei die XCLASS Funktionalität, die es Entwicklern ermöglicht, jede Klasse mit eigenen

TypoScript

Die Ausgabe von Inhalten im Frontend wird in erster Linie über die Konfigurationssprache TypoScript gesteuert, die in ein PHP-Array geparst wird, das wiederum steuert, welche PHP-Funktionen aufgerufen werden müssen. TypoScript ist (zumindest bezogen auf die Syntax) objektorientiert.

Um überhaupt eine Ausgabe erzeugen zu können ist mindestens das Erzeugen eines *PAGE*-Objektes nötig. Weitere wichtige TypoScript-Objekte sind *CONTENT* zum Auslesen von Inhalten aus der Datenbank und *TEMPLATE* zum Rendern eines HTML-Templates.

Spricht man von TypoScript, meint man in der Regel die in den TypoScript-Templates festgelegte Konfiguration zur Frontendausgabe, es gibt aber auch Backend-Konfigurationen, die (abgesehen von wenigen Ausnahmen) mit der gleichen Syntax notiert werden. Sie werden *User TSconfig* (Einstellungen für einen Backend-Benutzer oder -Benutzergruppe) und *Page TSconfig* (Einstellungen für das Backend, die für einzelne Seiten und deren Unterseiten gelten) genannt und werden unter dem Begriff *TSconfig* zusammengefasst.

Entwicklung

Geistiger Vater und ehemaliger Chefprogrammierer von TYPO3 ist der Däne Kasper Skårhøj. Die Entwicklung des Systems teilt sich derzeit auf den 4.x-Zweig und die Version 5.0 auf, die von Oliver Hader respektive Robert Lemke geleitet werden.

Da die Entwicklung von Version 5.0 bereits seit mehreren Jahren in Form einer kompletten Neuentwicklung parallel zum 4.x-Zweig vorangetrieben wird, werden aktuelle Hauptversionen im Rahmen von 4.x veröffentlicht. Die Nummerierung der Versionen weicht aufgrund dieser Eigenheit von der sonst üblichen ab, was bei Außenstehenden den Eindruck erweckt, die Entwicklung von TYPO3 würde bereits seit mehreren Jahren stagnieren. In der Tat aber sind seit Version 4.0 bereits mehrere Hauptversionen mit neuen Features veröffentlicht worden. Innerhalb der jeweiligen Unter-Zweige gilt der so genannte „Feature-Freeze"; es werden also mit kleineren Updates keine neuen Funktionen hinzugefügt, sondern lediglich Fehler behoben und Sicherheitslücken geschlossen.

Erweiterungen

Mit Hilfe von Erweiterungen kann der Anwender den Funktionsumfang von TYPO3 erweitern oder dessen Verhalten ändern. Dabei können diese eigenständigen Programmteile Änderungen in praktisch allen Bereichen von TYPO3 vornehmen, u.A. in dem es neue Inhaltselemente (beispielsweise zum Anzeigen eines Nachrichtensystems) einführt, dem Backend ein neues Modul hinzufügt oder Einfluss auf den Login-Prozess nimmt.

Verschiedene Arten von Erweiterungen

Einige Erweiterungen liegen der offiziellen TYPO3-Version bereits bei, weil sie besonders oft benötigt werden oder sogar für den Betrieb zwingend erforderlich sind. Diese Erweiterungen werden *System Extensions* genannt. Der Großteil der Erweiterung liegt aber im *TER* (TYPO3 Extension Repository), einem zentralen Server von dem sich die Erweiterungen kostenlos herunterladen lassen. Diese Erweiterungen werden entweder *TER Extensions* oder *Local Extensions* genannt.

Eine andere Unterscheidung beleuchtet die Art der Funktionalität der Erweiterung und teilt diese in sogenannte Kategorien. Eine Erweiterung kann die Voraussetzungen für mehrere Kategorien gleichzeitig erfüllen, so dass es dem Entwickler obliegt zu entscheiden welche Kategorie den Hauptzweck der Erweiterung am besten beschreibt. Die Kategorien sind im Einzelnen:

- *Backend*: Die Erweiterung beeinflusst das Verhalten des Backends, ohne notwendigerweise ein neues Modul einzuführen. Beispiel: Ein WYSIWYG-Editor
- *Backend Modules*: Die Erweiterung führt ein neues Backend-Modul ein, das neue Verwaltungsfunktionen bietet. Beispiel: Integration von phpMyAdmin als Backend Modul
- *Frontend*: Die Erweiterung beeinflusst das Rendering des Frontends, ohne notwendigerweise ein neues Inhaltselement einzuführen. Beispiel: Suchmaschinenfreundliche URLs
- *Frontend Plugins*: Die Erweiterung führt ein neues Inhaltselement ein, häufig um ebenfalls von dieser Erweiterung eingeführte Datenstrukturen anzuzeigen. Beispiel: Ein Nachrichtensystem
- *Miscellaneous*: Die Erweiterung kann nicht in eine der übrigen Kategorien sortiert werden.
- *Services*: Die Erweiterung ersetzt einen bestehenden Service. Beispiel: OpenID als Loginmechanismus

Installation und Wartung von Erweiterungen

Erweiterungen werden im Backend mit Hilfe des Extension-Managers installiert, der sich auch direkt mit dem *TER* verbinden kann, um die Erweiterung herunterzuladen. Er verwaltet dabei auch Abhängigkeiten, indem er beispielsweise auf eine fehlende zweite Erweiterung hinweist, die zum Betrieb einer ersten zu installierenden Erweiterung benötigt wird, oder indem er die Deinstallation einer Erweiterung verhindert, wenn andere installierte Erweiterungen auf dieser basieren. Der Anwender kann sich auch verfügbare Updates zu installierten Erweiterungen anzeigen lassen und diese direkt installieren.

Beispiele

Durch Erweiterungen lassen sich die verschiedensten Funktionen modular integrieren. Einige davon sind:
- ein Nachrichtensystem
- ein modernes Templatingsystem
- ein alternativer Rich-Text-Editor
- ein Digital Asset Management zur Speicherung und Verwaltung von beliebigen digitalen Inhalten
- Daten über Länder, Sprachen und Währungen
- Shop-Systeme
- eine Benutzerregistrierung
- Gästebücher

- Foren
- Bildergalerien
- die Erzeugung menschenlesbarer URLs
- speziell individualisierte Mailformulare
- Besucherverhalten auf Websites
- Suchfunktion

Entwicklung von Erweiterungen

Es empfiehlt sich, die TYPO3-Erweiterung „Kickstarter" zu benutzen, mit der ein Grundgerüst für die gewünschten Funktionen automatisch erstellt werden kann. Je nach Bedarf kann man damit Frontend- oder Backenderweiterungen auswählen. Das Erscheinungsbild der Formulare wird dabei in das TYPO3-Konfigurationsarray TCA eingebunden. Die erstellte Erweiterung enthält Dateien mit fest vorgegebenen Namen, die automatisch aufgerufen werden, zum Beispiel *ext_localconf.php*, *ext_tables.sql* und *ext_emconf.php*. Der Programmierer muss nur noch einzelne PHP-Funktionen programmieren. Nach der Installation der Erweiterung überprüft TYPO3 automatisch, ob die Erweiterung bestimmte TYPO3-Standards einhält.

Der PHP-Quellcode, der bis TYPO3 Version 4.1 die Syntax der PHP-Version 4 und ab TYPO3 Version 4.2 wenigstens PHP 5.2 voraussetzt, besteht in der Regel aus Dateien, die jeweils eine Plug-in-Klasse enthalten. Die Programmierung ist je nach Autor objektorientiert oder man verwendet die Klassen nur im Sinne von Modulen. Jede Klassendatei enthält eine Einbindung einer sogenannten *XCLASS* am Ende. Diese können von Erweiterungs-Entwicklern mit einem bestimmten Namensschema selbst definiert werden und sollten von der Originalklasse abgeleitet sein. Sie werden immer anstelle der Originalklasse verwendet. Es wird jedoch empfohlen *Hooks* anstelle von *XCLASS* zu verwenden. Damit wird eine bestehende Funktion über den Funktionsaufruf zu einer oder mehreren anderen Funktionen innerhalb von TYPO3-Erweiterungen beliebig erweiterbar gemacht.

Mit der Version 4.3 geht die Möglichkeit einher, beim Entwickeln von Erweiterungen auf neue Techniken zurückzugreifen, die von FLOW3 portiert wurden. Dazu zählen unter Anderem das Model-View-Controller-Framework, das in TYPO3 4.3 in der Erweiterung *extbase* steckt, und die Template Engine Fluid.

Große TYPO3-Projekte

Zahlreiche große Websites, vor allem auch viele deutschsprachige, etwa die Website der taz, die Webseite des Landes Sachsen-Anhalt, die Website der Partei Bündnis 90/Die Grünen, die Website der Technischen Universität Berlin oder die Website des Deutschen Fußball-Bundes basieren auf TYPO3.

Benutzerfreundlichkeit

TYPO3 wird oft kritisiert, zu komplex zu sein und zu wenig Augenmerk auf den Endanwender zu richten. So war die Oberfläche im Vergleich zu anderen Content-Management-Systemen vergleichsweise weniger intuitiv bedienbar. Diese wurde in Version 4.2 geändert, hier wurde das Backend grundlegend überarbeitet und ist damit deutlich intuitiver geworden. Mit Version 4.3 sind weitere tiefgreifende Änderungen, welche die Bedienung weiter vereinfachen, eingeführt worden. Im Rahmen von Version 4.4, die am 22. Juni 2010 veröffentlicht wurde, ist das Design auf Basis der Ergebnisse der sogenannten *User Experience Week* (T3UXW) aus dem Vorjahr speziell hinsichtlich der Benutzerfreundlichkeit erneut verbessert worden. Zudem wurde mit dieser Version erstmalig eine Demo-Website (genannt Introduction Package) ausgeliefert, die es Erstnutzern ermöglicht, sich schneller mit den Funktionen des Systems vertraut zu machen. Mit TYPO3 4.5 wurden die wichtigsten Bearbeitungsformulare neu strukturiert, um einen verbesserten Workflow zu gewährleisten.

Zertifizierung

Seit der TYPO3-Konferenz 2008 gibt es die Möglichkeit, sich offiziell zertifizieren zu lassen. Dazu werden in verschiedenen Städten weltweit zu bestimmten Terminen offizielle Prüfungen abgenommen. Den Beginn macht dabei die Zertifizierung zum so genannten „TYPO3 Integrator", dessen Aufgaben laut Definition in der Templateerstellung, der Konfiguration von Erweiterungen und der Vergabe von Nutzerrechten bestehen. Er installiert jedoch nicht TYPO3 selbst auf einem Server und entwickelt selbst keine neuen Erweiterungen.

Für weitere Aufgabenfelder sind ebenfalls Zertifikate in Planung.

Literatur

Bücher

Die Titel sind absteigend nach Erscheinungsjahr sortiert.

- Patrick Lobacher, Volker Krell: *100 Tipps für TYPO3. Typische Fehler erkennen und vermeiden*, Open Source Press, 2011, ISBN 978-3-941841-26-0
- Alexander Ebner, Patrick Lobacher, Bernhard Ulbrich: *TYPO3 und TypoScript – Kochbuch (Aktualisierte 3. Auflage zu TYPO3 4.3)* Hanser Fachbuch, 2010, ISBN 978-3-4464-1557-7
- Robert Meyer: *Praxiswissen TYPO3. (Aktualisierte Auflage zu TYPO3 4.3)* O'Reilly, 2010, ISBN 978-3-8972-1961-8
- Hubert Partl, Tobias Müller-Prothmann: *TYPO3 4.3 für Web-Autoren. Das Einsteigerseminar (Neuauflage 2010)* BHV Verlag 2010, ISBN 978-3-8266-7511-9
- Michael Bielitza, Christoph Klümpel: *TYPO3 Handbuch für Redakteure (2. Auflage)* O'Reilly, 2009, ISBN 978-3-89721-901-4
- Patrick Lobacher: *Certified TYPO3 Integrator* Open Source Press, 2009, ISBN 978-3-937514-78-9
- Robert Steindl: *TYPO3 – Das Praxisbuch für Entwickler*, Franzis Verlag, 2009, ISBN 978-3-7723-6758-8
- Franz Ripfel, Melanie Meyer, Irene Höppner: *Das TYPO3 Profihandbuch* Addison Wesley, 2008, ISBN 978-3-8273-2322-4
- Christian Trabold, Jo Hasenau und Peter Niederlag: *TYPO3 Kochbuch (2. Auflage aktuell zu TYPO3 4.2)* O'Reilly, 2008, ISBN 978-3-89721-851-2

Videotrainings

- Silke Arend: *TYPO3-Videos für Redakteure* – Serie von 22 TYPO3-Schulungsvideos zur Version 4.2 – ergänzt durch die TYPO3-Übungswebsite
- Irene Höppner: *TYPO3 Extensions (DVD-ROM)* Addison-Wesley, 2009, ISBN 978-3-8273-6164-6
- Irene Höppner: *TypoScript Videotraining (DVD-ROM)* Addison-Wesley, 2006, ISBN 978-3-8273-6069-4
- Thomas Kötter: *TYPO3 4.0 Das Video-Training – Von den Grundlagen bis zum professionellen Webauftritt* Galileo Press, 2006, ISBN 3-89842-856-7

Artikel und Magazine

- Denny Carl: *Webwelten. Fünf CMS auf PHP-Basis.* In: iX Nr. 12/2007, S. 54. – Gegenüberstellung von fünf Redaktionssystemen auf PHP-Basis: TYPO3, Joomla, Drupal, Papaya, Redaxo
- *T3N Magazin für TYPO3 & Open Source.* yeebase media solutions, 2005, ISSN 1861-339X
- Alexander Wehrum, Claus Mückschel: Paradigmen des Open-Source-Konzeptes am Beispiel der Software TYPO3, Münster-Hiltrup: LW-Verlag, 2004, ISSN 0942-6620

Von „http://de.wikipedia.org/wiki/TYPO3"

Textpattern

Textpattern ist ein freies Weblog- und Content-Management-System (CMS) unter der GPL, das zum Erstellen und Aktualisieren dynamischer Webseiten verwendet werden kann. (engl. *text pattern* = dt. *Textmuster*)

Grundlagen

Textpattern ist in PHP geschrieben und benötigt eine MySQL-Datenbank. Das System verwaltet Texte, Cascading Style Sheets, Grafiken und Links (Verweise) und generiert daraus sowohl XHTML-Seiten für die Darstellung in Webbrowsern als auch Newsfeeds in den Formaten RSS und Atom. Die Erfassung von Texten kann in der vereinfachten Auszeichnungssprache Textile oder in klassischem HTML erfolgen.

Textpattern ist so aufgebaut, dass es den Entwickler einer Webpräsenz bei seiner Arbeit unterstützt, ohne ihn einzuschränken. Das heißt allerdings auch, dass Textpattern nur mit einem sehr einfachen grafischen Template ausgeliefert wird. Das Erstellen des Designs der Seite inklusive XHTML und CSS wird dem Entwickler überlassen. Inzwischen werden jedoch auch einige fertige Templates angeboten, die nach dem Herunterladen sofort eingesetzt werden können.

Diese Tatsache schränkt die Benutzerzahl von Textpattern ein, führt jedoch zu individuelleren Seiten als beispielsweise bei WordPress, bei dem oft ein Standard-Template verwendet wird.

Entstehung

Textpattern wurde ursprünglich von Dean Allen entwickelt. Mit der weiteren Verbreitung des Systems bildete sich ein Entwicklerteam, das sukzessive die Arbeit von Dean Allen übernahm.

Version 4.0 war die erste „offizielle" Version und erschien am 14. August 2005. Die aktuelle Version 4.4 erschien am 26. März 2011.

Von „http://de.wikipedia.org/wiki/Textpattern"

Umbraco

Umbraco ist ein quelloffenes Content-Management-System (CMS) zum Bearbeiten und zur Verwaltung dynamischer Websites, das in der Hochsprache C# geschrieben ist und auf der ASP.NET-Technologie basiert. Als Datenbank wird vorrangig Microsoft SQL Server verwendet, seit der Version 4 können aber auch MySQL und VistaDB eingesetzt werden.

Die als freies Framework nutzbare Webanwendung *Umbraco* wurde im Jahr 2000 von dem dänischen Software-Entwickler Niels Hartvig begründet. Seitdem wird das System vom Autor, einem Kernteam und einer sehr aktiven Community weiterentwickelt.

Lizenzmodell

Das CMS *Umbraco* steht unter einem dualen Lizenzmodell. Einerseits kann *Umbraco* unter einer Open-Source-Lizenz kostenfrei verwendet und auch erweitert werden, andererseits besteht die Möglichkeit, eine kommerzielle Lizenz mit zusätzlichen Rechten von der dänischen Firma Umbraco I/S käuflich zu erwerben.

Das kostenfreie Lizenzmodell wird für weite Bestandteile von *Umbraco* durch die MIT-Lizenz abgedeckt, bestimmte produkt- und markenrechtlich relevante Teile werden hingegen durch die *Umbraco-Open-Source-Lizenz* geschützt.

Der Name *Umbraco* und das *Umbraco-Logo* sind eingetragene Warenzeichen von Niels Hartvig.

Entwicklung

Die Wurzeln des Open-Source-Projekts *Umbraco* reichen bis in das Jahr 2000 zurück. Jedoch war der Quellcode des CMS zu diesem Zeitpunkt noch nicht als Open Source frei zugänglich. Zunächst bildete es das "Wundermittel" bzw. die "Geheimwaffe" von Niels Hartvig bei seiner Arbeit als selbständiger Web-Entwickler.

Der Schritt zum Open-Source-Projekt erfolgte erst 2004. Seitdem sind das Projekt, die Anzahl der im Kernteam tätigen aktiven Entwickler und die mit dem CMS verbundene Community stetig gewachsen. Nach Angaben von Umbraco I/S bestanden im April 2007 über

25.000 installierte und aktive *Umbraco*-Websites und verdoppelten sich bis Mai 2008 auf 50.000 Websites.

Sonstiges
- Bei dem Namen *Umbraco* handelt es sich um eine in skandinavischen Ländern gebräuchliche Bezeichnung für Inbus-Schlüssel. *Umbraco* steht damit für ein "Universalwerkzeug" zum Zusammenbauen von Websites.
- Ironischerweise beruht der Name auf einem Schreibfehler, der korrekte Skandinavische Name für das Werkzeug lautet **Unbrako** und steht für "Unzerbrechlich".

Von „http://de.wikipedia.org/wiki/Umbraco"

WebEdition

webEdition ist ein freies Web-Content-Management-System (WCMS) welches mit mehr als 70.000 Installationen seine stärkste Verbreitung im deutschsprachigen Raum findet. webEdition ist ein datei- und zugleich datenbankbasiertes System und kann somit sowohl statische Inhalte performant ablegen als auch komplexe dynamische Inhalte bereitstellen.

webEdition ist in der Skriptsprache PHP geschrieben, verwendet MySQL als Datenbank zur Datenspeicherung und beinhaltet neben dem Zend Framework auch ein darauf basierendes, eigenes Software Development Kit (SDK) zur Entwicklung von Erweiterungsmodulen. Das webEdition SDK steht unter der GNU Lesser General Public License (LGPL).

webEdition ist modular aufgebaut und kann dadurch anforderungsspezifisch im Funktionsumfang erweitert werden. Bereits nach der Installation finden sich viele Module, die für die individuelle Anpassbarkeit und zusätzliche Performance von webEdition sorgen. Das modulare Systemdesign sorgt dabei für eine bessere Systemstabilität, mehr Sicherheit und bessere Wartung des Systems. Über das SDK lassen sich auch bereits vorhandene externe Anwendungen als we:Apps (z.B. phpMyAdmin) integrieren.

Bei der zukünftigen Entwicklung wird ein besonderer Fokus auf eine barrierearme Benutzeroberfläche gelegt. Mit dem webEdition CMS sollen nicht nur barrierefreie Webseiten erstellt werden können, sondern bereits der Erstellungsprozess mit webEdition barrierefrei werden.

Geschichte

Entstanden ist das Web-CMS webEdition ursprünglich bei der ASTARTE New Media AG im Jahr 2001. 2003 wurde webEdition an eine Investorengruppe verkauft und unter der webEdition Software GmbH weiterentwickelt. Im Jahr 2006 firmierte dann die webEdition Software GmbH zur living-e AG um und entwickelte das CMS bis zur Version 5.1.2.5 kommerziell weiter. Im November 2008 stellt die living-e AG webEdition in Version 6 unter der GPL-Lizenz (General Public Licence), bevor im Juni 2009 Weiterentwicklungen des CMS durch die living-e AG komplett eingestellt und alle Ressourcen an die Community übergeben wurden. Am 20. Februar 2010 wurde der webEdition e. V. durch 13 engagierte Nutzer und Entwickler in Berlin gegründet. Seither wird webEdition von ehemaligen Entwicklern und der stetig wachsenden Community weiter entwickelt.

Verwendung

webEdition wird vor allem bei kleineren und mittelständischen Firmen aus allen Bereichen eingesetzt. Es wird geschätzt, dass webEdition weltweit mehr als 70.000 mal installiert und in Benutzung ist.

Entwickler können über sogenannte we:Tags auch ohne weitreichende Programmierkenntnisse leistungsfähige Seiten erstellen. Individuelle Funktionen und Klassen können per PHP in den Vorlagen eingebunden werden.

Redakteure nutzen den integrierten WYSIWYG-Editor zur Eingabe sowie Bearbeitung von Text- und Bildmaterial. Dabei werden keine Programmierkenntnisse vorausgesetzt. Über webEdition können ohne technisches Wissen sogar Navigationsstrukturen verändert, komplexe Datenbanken gepflegt und Newsletter verschickt werden.

Im Gegensatz zu kommerzieller Software gibt es bei webEdition keinen Support durch den Hersteller bzw. Entwickler, dafür eine stetig wachsende Community die sich gegenseitig bereichert und unterstützt (deutsch- und englischsprachiges Forum und Bugbase). Die Community und die Weiterentwicklung des CMS werden durch den 2010 gegründeten webEdition e.V. koordiniert und gesteuert.

Funktion und Architektur

webEdition wird auf einem Webserver betrieben und von einem Webbrowser aus gesteuert. Hierfür ist außer einem kompatiblen Webbrowser keine weitere Software beim Redakteur erforderlich, nur der Webbrowser muss unterstützt werden: zum Beispiel Firefox oder aber auch der Internet Explorer.

webEdition besteht aus einem Frontend sowie aus einem Backend, das Frontend ist die Ansicht der Website-Besucher, im Backend werden Inhalte der Website durch Redakteure gepflegt. Die Ansicht im Backend kann dabei umfangreich auf den Redakteur zugeschnitten werden.

Funktionsumfang

Das datei- und datenbankbasierte Content Management System webEdition bietet bereits in der Basisversion (ohne die vorhandenen Module) einen reichhaltigen Funktionsumfang. Neben einem integrierten WYSIWYG-Editor und Bildbearbeitung unterstützt webEdition die Erstellung und Pflege mehrsprachiger, sowie barrierefreier Webseiten. Je nachdem, ob eine Seite dynamische Inhalte enthält, kann diese als dynamisches Skript oder als statische HTML-Seite gespeichert werden. Die leistungsfähige Template-Engine sorgt für die Darstellung der Seite im Backend sowie im Frontend. Neue Produktversionen werden über das integrierte Live-Update eingespielt. Alle in webEdition gepflegten Inhalte lassen sich mit der integrierten Backupfunktion sowohl über das Backup als auch über ein Kommandozeilen-Tool sichern. Die Basisversion lässt sich über folgende, ebenfalls als OpenSource vorliegende, kostenlose Module erweitern:

- **Benutzerverwaltung**: (Steuerung der Zugriffsrechte auf webEdition und Zusatzmodule)
- **Kundenverwaltung**: (Speicherung von Kundendaten zur Realisierung von geschützten Bereichen auf der Webseite, Speicherung von Newsletteranmeldungen und Speicherung von Bestellungen über das Shop-Modul)
- **Newsletter**: (Verwaltung und Versand individuell gestalteter, optional personalisierter (HTML/Text-)Newsletter)
- **Datenbank-/Objekt-Modul**: (klassen- und objektbasierte Speicherung von Inhalten, z.B. Produkte für das Shop-Modul, Newsmeldungen, Kommentare, Veranstaltungen, etc.)
- **Shop-Modul**: (Realisierung von kleinen Shops mit Anbindung einige Bezahlsysteme)
- **Voting-Modul**: (Umsetzung von Umfragen inkl. Auswertung und Exportmöglichkeit)
- **Workflow-Modul**: (Realisieren von redaktionellen Arbeitsabläufen und Freigabeprozessen)
- **To-Do/Messaging-Modul**: (Internes Messaging-System für Redakteure)
- **Banner-Modul**: (Verwaltung von Bannern auf der Webseite inkl. Gewichtung der einzelnen Banner (Banner-Rotation))
- **Export-Modul**: (Export von Dokumenten, Vorlagen und Objekten anhand verschiedener Kriterien oder manuell)
- **Scheduler-Modul**: (Zeitgesteuerte Aktivierung, Deaktivierung und Löschung von Inhalten)
- **Editor-Plugin**: (Vorlagen und Dokumente lokal in einem externen Editor bearbeiten)
- **Glossar** (Pflege und Verwaltung eines „Wörterbuches")

Über das integrierte SDK können zusätzliche Erweiterungsmodule entwickelt und zur Verfügung gestellt werden. Gleiches gilt für die so genannten we:Tags, welche die Ausgabe der Inhalte in den Templates steuern.

Daneben gibt es bereits vorgefertigte we:Tags zur Integration von Dritt-Anwendungen wie der Web-Analytics-Software Econda, sowie den Payment-Lösungen Paypal und Saferpay.
Von „http://de.wikipedia.org/wiki/WebEdition"

WebsiteBaker

WebsiteBaker ist ein freies Content-Management-System. Es basiert auf der serverseitigen Skriptsprache PHP und der Datenbank MySQL, die unter einer Open-Source-Lizenz stehen und kostenlos erhältlich sind.

Es ist vor allem für das Erstellen von kleineren und mittleren Internetauftritten gedacht. WebsiteBaker soll eine *einfache Benutzung* ermöglichen. Es hat ein automatisches Installationsprogramm und eine eingängige, grafische Benutzeroberfläche, die es auch Computereinsteigern und weniger erfahrenen Benutzern ermöglichen soll, Inhalte oder Informationen im Internet zu veröffentlichen.

Auf der Webseite wird erläutert, dass die richtige Schreibweise des Programms „WebsiteBaker" heißt.

Geschichte

Das WebsiteBaker CMS wurde von Ryan Djurovich 2004 veröffentlicht.

Die erste Ankündigung von WebsiteBaker war das Erscheinen der Version 2.2.0 am 14. Dezember 2004. Mit dieser Version wurden Seiten in mehreren Ebenen, Sections und Mehrsprachigkeit sowie erste Erweiterungen eingeführt.

Am 4. September 2005 kündigte Ryan Djurovich in dem Forum von WebsiteBaker mehrere Punkte an: Ein gemeinnütziger Verein namens „Open Source Bakery" (der allerdings nicht gegründet wurde) sollte für WebsiteBaker verantwortlich sein, Teams kümmern sich ab nun um die Weiterentwicklung des CMS, des Weiteren wurde sich von Sourceforge verabschiedet und eine eigene SVN bereitgestellt.

Die kommende Version 2.6.0 wurde am 28. November 2005 veröffentlicht. Dies war die erste Version, welche von der Community weiterentwickelt wurde.

Am 16. November 2008 kündigte Ryan Djurovich an, dass das WebsiteBaker CMS nach einer offenen Diskussion mit der Community in zwei verschiedene Projekte aufgeteilt werden soll: PlatformRAD Open Source Edition (OSE) (das sich nun EdgeCMS nennt) wird weiterhin von dem Gründer entwickelt und unterstützt, die WebsiteBaker Community hingegen bleibt bei dem Namen. Dies wurde vollzogen, um Probleme mit zukünftigen Versionen des CMS zu vermeiden, zudem herrschte Uneinigkeit über einige geplante Neuerungen.

Die Führungsrolle von WebsiteBaker übernahm nun Matthias Gallas, er trat am 19. August 2009 zurück , nachdem die Version 2.8.0 erschienen ist

Einen Tag später wurde die Gründung des Website Baker Org e. V. s bekanntgegeben . Die Vereinsvorstände sind Dietmar Wöllbrink, Ruud Eisinga und Klaus Weitzel.

Nachdem es in der Community zu Unstimmigkeiten über die weitere Entwicklungsrichtung von WebsiteBaker kam, wurde der Kern der 2.8.1, 2.8.2, sowie Teile der erst im SVN existierenden Version 2.9.0.dev zum Start eines Forks namens 'Lepton-CMS' benutzt .

WebsiteBaker 2.8.0

Die Version 2.8 Stable wurde am 15. August 2009 veröffentlicht. Neben einer Reihe von Bugfixes wurden auch neue Feature implementiert:

- Droplets, JQuery und Codepress hinzugefügt
- Der Administrations-Bereich lässt

sich über Skins anpassen.
- Mediendaten lassen sich als zip Archiv hochladen und werden auf dem Server entpackt.
- Bei der Installation von Add-ons wird zuvor überprüft, ob alle Voraussetzungen erfüllt sind.
- Module, die über FTP hochgeladen wurden, werden nun im Administrations-Bereich angezeigt.
- Generelle Verbesserungen des Administrations-Bereichs: Mehr Informationen und Anpassungen

WebsiteBaker 2.8.1

Die Version 2.8.1 wurde am 25. Januar 2010 (letzte Änderung geändert am 7. Februar 2010) veröffentlicht. Darin wurden hauptsächlich einige kleinere Fehler der Vorgängerversionen behoben sowie Module auf neue Versionen aktualisiert:
- Aktualisierung und Optimierung des Backend-Templates
- Vorbereitung für die Unterstützung mehrsprachiger Internetseiten
- Update des FCKeditors auf Version 2.6.5
- Update des jQuery Framework auf Version 1.4.1 (Version 1.3.2 steht weiterhin in den Installationsdateien zur Verfügung)
- Update des YUI Framework auf Version 2.80r4
- Update der EditArea auf Version 0.8.2
- Update des Droplet-Moduls auf Version 1.0.2
- Update des News-Moduls auf Version 3.5

WebsiteBaker 2.8.2

Die Version 2.8.2 wurde am 25. Juli 2011 veröffentlicht. Es wurde begonnen die alte Codebasis aufzuarbeiten und durch neue Techniken zu ersetzen.

Die wichtigsten Änderungen und Highlights auf einen Blick:
- Upgrade FCKeditor zu Version 2.6.6
- Update news Modul zu Version 3.5.5
- Update form Modul zu Version 2.8.1
- Jquery update auf die Version 1.6.2 und die UI auf Version 1.8.14
- Frontend Output Filter Settings kann ganz nach Wunsch zwischen absoluter und relativer Adressierung umgeschaltet werden
- Einführung einer Blacklist für Dateiendungen beim Upload ins Mediaverzeichnis, Setzen der Dateiendungen unter Optionen Feld: Diese Dateitypen nicht hochladen
- Teilweise neue Übersetzung und Anpassung von Sprachdateien
- Mit dem neuen Upgradescript ist es möglich von WebsiteBaker Version 2.7 und höher direkt auf die Version 2.8.2 upzugraden.
- ShowMenu2 wurde um die zusätzlichen Parameter SM2_XHTML_STRICT und SM2_NO_TITLE ergänzt.
- ShowMenu2 update auf Version 4.9.6
- Hinzufügen der SecureForm.mtab.php die unter der Pflege der WebsiteBaker Community steht.
- Anpassen der Admintools auf das neue Sicherheitshandling
  - Update jsadmin zu version 1.3.0
  - Update Droplet zu version 1.1.0
  - Update output_filter zu version to 0.2
  - Update captcha_control zu version 1.2.0
- Unterbinden von ausführbaren Droplets in 'news'- und 'form'- Modulen (input und textareafelder).
- E-Mail Validierung unterstützt nunmehr auch Umlaute Domains
- Der Ordner admin/images wurde vorübergehend wieder eingebunden, da einige Module darauf zugreifen.
- Die Seitenübersicht ist jetzt komplett valide
- Jede Menge kleinere Bugs gefixt und teilweise veraltete Codebasis erneuert.

Systemvoraussetzungen

WebsiteBaker benötigt Webhosting mit Unterstützung für die Interpretersprache PHP und das Datenbankmodell MySQL. Dabei sollte PHP den „Session Support" aktiviert haben und der „Safe-Mode" muss deaktiviert sein, oder der Provider hat entsprechende Benutzerrechte vergeben. Der Internetdienstanbieter kann in der Regel diese Einstellungen vornehmen, sofern man keinen eigenen Webserver zur Verfügung hat.

Die Voraussetzungen für die aktuelle Version 2.8.2 sind:
- Mindestens 9 MB Webspace für WebsiteBaker (Erweiterungen benötigen mehr)
- PHP 5.2.2 oder höher
- MySQL 4.1 oder höher
- PHP Safe Mode = off (aus) oder entsprechend konfiguriert
- Aktivierter PHP Session Support

Zielgruppe

Die eigentliche Zielgruppe besteht aus:
- Freelancer und Agenturen im Bereich Webdesign, die ihren Kunden ein einfach zu bedienendes System zur Verfügung stellen wollen, in das sie leicht eingeführt werden können.
- Privatpersonen, die eine eigene Homepage erstellen möchten
- Vereinen und Gruppen, wobei auch mehrere Personen einfach aus aller Welt den Seiteninhalt erstellen und bearbeiten können
- Kleineren und mittelständischen Unternehmen
- Organisationen und Schulen

Große Firmen oder Internetauftritte, die für tausende registrierte User gedacht sind, werden nicht direkt zur Zielgruppe gezählt. Es gibt zwar keine Beschränkungen, was die Seitenzahl oder die Zahl der User betrifft, durch die häufige Verwendung von Auswahllisten könnte aber die Administration unübersichtlich werden. Abhilfe schaffen dann spezielle Module, etwa zur Userverwaltung.

Merkmale

WebsiteBaker hat viele Funktionen, um eine dynamische Webseite zu erstellen, wobei immer versucht wird, die „einfache Bedienung" zu bewahren. Dies kann nur erreicht werden, indem es nicht „überladen" wird mit Funktionen.

Funktionen

- Einfach zu bedienende Benutzeroberfläche
- Unterstützung zum Betreiben mehrerer Internetseiten
- Möglichkeit, ein vollständig barrierefreies Frontend zu erstellen

- Unterstützung von Mehrsprachigkeit
- Datei & Medien Verwaltung
- Designvorlagen (Templates) basierende Seitenausgabe, pro Seite anpassbar
- Schnittstelle für Erweiterungen
- Erstellung von Benutzergruppen
- Gruppenbasierendes Berechtigungssystem (jede einzelne Seite kann festgelegt werden)
- Kontrolle von WebsiteBaker und komplette Erstellung und Bearbeitung der Seiten über den Administrationsbereich (Back-end)
- Verwendung von Captcha im Frontend (der für Gäste sichtbare und benutzbare Teil der Internetseite) zur Vermeidung von Spam
- Einrichtungen zur Anmeldung, Registrierung und Passwortwiederherstellung von Nutzern
- Einstellung von Zeitzonen, Anzeigenamen, Spracheinstellungen, Zeit und Datumsformat für jeden Nutzer
- Anpassung der Erweiterungen für jede einzelne Seite möglich
- WYSIWYG-HTML-Editoren für den Adminbereich

Erweiterungen (Module)

Die wachsende Nutzergemeinde von WebsiteBaker erstellt und betreut einige Module, von denen einige schon standardmäßig bei WebsiteBaker mitgeliefert werden. Diese Erweiterungen sind alle kostenlos erhältlich und werden erst nach erfolgreicher Prüfung auf der offiziellen "Addon"-Webseite zur Verfügung gestellt.

Unter den Erweiterungen sind:

- Integration von bekannten Webgalerien, Internetforen und WYSIWYG-HTML-Editoren für den Adminbereich
- Weitere Erweiterungen wie Gästebuch, Downloadbereich und viel mehr

Module können über den Administrationsbereich in Form einer .zip Datei hochgeladen werden; die Installation erfolgt automatisch. Die Aktivierung der Module erfolgt dann bei der Erstellung einer neuen Seite, wo dann beim Eintrag „Art": das Modul ausgewählt werden kann. Auch können die meisten Erweiterungen problemlos deinstalliert werden.

Die Erstellung von Modulen erfolgt mit der Skriptsprache PHP. Diese können relativ einfach erstellt werden, aber etwas Erfahrung im Umgang mit Programmiersprachen sollte vorhanden sein.

Designvorlagen

Es gibt zahlreiche Designvorlagen (auch Templates genannt), die für jede erstellte Seite einzeln festgelegt werden können. Die Erstellung der Templates erfolgt mit den Sprachen HTML, CSS und PHP. Die strikte Trennung von Inhalt und Design ist dadurch gewährleistet, und es kann nahezu völlig frei das Design angepasst werden. Es ist nur erforderlich, eine CSS- und eine PHP-Datei zu erstellen.

Seit der Version 2.8 kann der gesamte Administrations-Bereich von WebsiteBaker komplett angepasst und erweitert werden, ohne die eigentlichen PHP Dateien zu verändern.

Droplets

Droplets wurden mit Version 2.8 eingeführt und können überall platziert werden - egal ob im WYSIWYG Editor, in einer Designvorlage oder einer Erweiterung. Sie sind PHP Code welcher im Administrations-Bereich definiert wird und innerhalb doppelter, eckiger Klammern verwendet wird.

Community

Die Community wächst ständig, es gibt im August 2011 mehr als 7100 registrierte Mitglieder im Supportforum. .Es gibt ca. 41 Teammitglieder, welche in vier Teamgruppen und neun Teams eingeteilt sind. . Das Team reicht von Übersetzen bis hin zu Fachinformatikern in der Entwicklung.

Des Weiteren gibt es verschiedene Supportforen und Internetseiten, auch gibt es mehrere User Groups .

Dokumentation

Die Dokumentation von WebsiteBaker ist erhältlich für Benutzer, Entwickler und Webdesigner. .
Von „http://de.wikipedia.org/wiki/WebsiteBaker"

Websitepreview

WebSitePreview (WSP) ist ein freies Content-Management-System (CMS). Die Hauptanwendung von WSP ist das Erstellen von Webseiten. Es ist in PHP 4 geschrieben und verwendet MySQL als Datenbank. Eine ASP|MsSQL-Entwicklungsschiene wurde 2006 nach 2 Jahren Betrieb wieder eingestellt.

Allgemeine Informationen

Mit WSP werden hauptsächlich umfangreichere Webseiten erstellt, die durch mehrere Administratoren betreut werden. Wie andere Content Management Systeme basiert WSP auf Designvorlagen, die Inhalte werden über so genannte Interpreter auf der Seite platziert (Trennung von Inhalt und Layout). Die Interpreter sind zumeist als WYSIWYG-Editoren angelegt bzw. in spezialisierter Fassung für eine besondere Darstellung ausgerichtet. Die Benutzung von WSP als Redakteur setzt geringere Vorkenntnisse voraus. Zur Einrichtung werden jedoch grundlegende Kenntnisse bei der Erstellung von Webseiten benötigt, wodurch sich WSP nur bedingt für den Einsatz durch ungeschulte Privatpersonen eignet.

Geschichte

WebSitePreview wird seit 2001 entwickelt und eingesetzt. Die erste Version (1.x) von WSP arbeitete als volldynamisches System, bei dem die Seiten erst beim Aufruf aus der Datenbank generiert wurden. Version 2.x (ab 2003) wurde bereits als Hybridsystem umgesetzt, jedoch waren auch Elemente wie die Navigation noch datenbankabhängig. Erst mit Version 3+ wurde das System von WSP dahingehend verbessert, das mit Menutemplatevorlagen Seiten vollständig geparst werden können und somit vollwertig (bis auf wenige Dienste wie Tracking oder Suche) datenbankunabhängig funktionieren. Eine Besonderheit des Systems ist dabei auch das Anlegen einer geordneten physischen Dateistruktur.

Mit Version 3.6 wurde WSP, dessen Inhalte bisher maßgeblich über Interpreter abgebildet wurden, um Plug-in s erweitert, die eigenständiger als modulare Erweiterungen Inhalte verwalten können und diese über einen eigenen Parser auch abbilden.

Wichtige Versionen

Version 1.x
- Veröffentlicht Ende 2001
- Rein datenbankbasiertes System
- Einzelbenutzer-System
- Der Support und die Weiterentwicklung von Zweig 1.x wurde im Juli 2004 offiziell eingestellt

Version 2.x
- Veröffentlicht Ende 2003
- Umstellung auf ein Hybrides System ohne geordnetes Dateisystem: Mit Einführung von Version 2.0 wurde WSP auf ein Hybrides System umgestellt, das es ermöglichte, Dateien direkt auf dem Server zu erzeugen und als echte Datei zur Verfügung zu stellen. Die Daten werden zunächst in einer Datenbank abgelegt und beim Veröffentlichen mit den Gestaltungsvorlagen verbunden und als Dateien abgelegt.
- Die Weiterentwicklung der Versionen 2.x wurde mit der Einführung von Version 3.0 auf Fehlerbehebungen reduziert

Version 3.0
- Veröffentlicht Anfang 2005
- Einführung eines automatischen Systemupdates
- Mit Version 3.0 wurde der Quellcode des Content Management Systems komplett überarbeitet. Es wurde ein Rollensystem eingeführt, das es ermöglicht, verschiedenen Benutzern entsprechende Bearbeitungsrechte zuzuweisen (Mehrbenutzer-System). Der Parser wurde auf die Erzeugung echter Dateinamen und das Schreiben in ein geordnetes Dateisystem umgestellt.

Version 3.6
- Veröffentlicht 24. November 2009
- Plugins für WSP erweitern das Einsatzspektrum

Version 3.7
- Veröffentlicht 11. Januar 2010
- Letzte Zwischenversion vor dem Release der Version 4.0
- Integration erster PHP5-Funktionen für ergänzende Features

Version 4.0
- Veröffentlicht 28. Mai 2010
- Echte mehrsprachige Unterstützung im Frontend
- Einfache Bildbearbeitung (Skalieren, Kopieren, Miniaturbilderzeugung) - je nach Serverunterstützung - möglich

Version 4.3
- Veröffentlicht 22. September 2010
- Neues internes Nachrichtensystem
- URL- und Variablenbasierte Weiterleitungen von der Startseite
- Neues Tracking für SiteSearch und SiteCloud
- Dokumenttypdeklaration und Codierungseinstellungen
- Sitestruktur und Inhaltsverzeichnis überarbeitet
- Verbessertes Usermanagement für Benutzer mit eingeschränkten Bearbeitungsrechten
- Globale Inhalte mit sprachlicher Bindung möglich
- komplett überarbeitetes Interface zum Kopieren und Verschieben von Inhalten über mehrere Seiten und Contentbereiche
- verbesserter Upload von Bilddateien mit optionaler automatischer Skalierung

Technik

Technische Plattform für Parser und Datenbank ist ein PHP(4+)-fähiger Webserver mit MySQL(4+)-Datenbank. Einige optionale Funktionen setzen Erweiterungen oder PHP5 voraus. Der Editor wird über einen Webbrowser genutzt.

Zur Abbildung der Inhalte werden Interpreter verwendet, die allgemein (zum Beispiel als WYSIWYG-Editor) generelle Inhalte darstellen oder für Spezialfälle von Darstellungsvarianten umgesetzt wurden. Mit den speziellen Darstellungsvarianten wird erreicht, das der Benutzer im Backend eine einfache Eingabemaske zur Eingabe der Inhalte zur Verfügung hat, diese jedoch im Frontend beim Parsen der Seiten in komplexer(er) Anordnung umgesetzt werden können oder im Hintergrund beim Parsen weitere Aktionen auslösen und damit den Arbeitsprozess für den eigentlichen Benutzer vereinfacht.

Interpreter können durch Dritte erstellt werden und werden nach Prüfung durch das WSP-Team in den allgemeinen Verfügungsbestand aufgenommen.

Kernstück von WSP ist das Parsen (Veröffentlichen) der Seiten. Bis zur Veröffentlichung stehen die Inhalte ausschließlich in der Datenbank zur Verfügung. Mit dem Parsen werden die Inhalte als reelle Dateien mit entsprechenden Rechten in ein geordnetes Dateisystem geschrieben und stehen danach real zur Verfügung und können somit auch jederzeit ohne Datenbankanbindung kurzfristig z. B. durch einen entsprechenden Editor bearbeitet werden.

Weitere Eigenschaften sind die Suchmaschinenoptimierung, die Verwendung verschiedener Layout-Vorlagen (Templates), die Erstellung mehrsprachiger Inhalt mittels Lokalisierungsdaten. Des weiteren werden Ajax-Funktionen genutzt.

Erweiterungen

Für WSP gibt es derzeit zwei Plugins für die Anwendung als Online-Shop-System sowie als Newsletter-Engine. Zudem gibt es zahlreiche modulare Erweiterungen, die spezielle Inhalte erfassen und den Interpretern zur Verfügung stellen.

Logo

Das Logo von WSP besteht aus dem Bild einer Seite mit stilisierten HTML-Header sowie den als Tasten abgebildeten Buchstaben W, S und P.

Von „http://de.wikipedia.org/wiki/Websitepreview"

Webspell

Webspell ist ein populäres freies Content-Management-System (CMS). Das Open-Source-Projekt wird speziell für Gaming Clans (eine Vereinigung im Bereich des E-Sport) und Communitys entwickelt und kommt inzwischen in unterschiedlichsten Anwendungsbereichen zum Einsatz.

Webspell ist Freie Software und steht unter der GNU General Public License. Es ist in PHP 4 geschrieben und verwendet MySQL als Datenbank.

Geschichte

Webspell ist ein (CMS) Content-Management-System, welches speziell für Clans und Community Pages entwickelt wurde und wird. Ziel des Systems ist es, Clans eine kostenlose und professionelle Möglichkeit zu geben, sich selbst im Web zu publizieren und die Verwaltung von Clanprozessen auf ein Minimum zu reduzieren. Das Verwalten und Pflegen ist so um ein Vielfaches leichter und bequemer. Es ist durch ein Template-System relativ einfach individuell anpassbar.

Die Webspell-Version 4.0 ist die erste Veröffentlichung des Webspell Teams, welches die Arbeit von Michael Gruber (dem ehemaligen Entwickler) aufgenommen und erweitert hat.

Zitat von Michael Gruber: "Da sich das Clanpackage großer Beliebtheit erfreut hat, werde ich es gratis zur Verfügung stellen. Vielleicht findet sich jemand der es verbessern oder weiterentwickeln will." Mit diesen Worten verabschiedete sich Michael Gruber als Entwickler des recht bekannten Clan Managements Systems "Webspell". Ein System, das durchaus Potential hatte, jedoch auch gravierende Sicherheitslücken und Verwaltungsdefizite.

Dem Aufruf zur Entwicklung folgend, begann Florian Siegmund im April 2005 mit der Arbeit an webSPELL Version 4.0. Unter dessen Leitung kam es später zur Gründung des Entwicklerteams webspell.org.

Nach und nach bildete sich eine Community, die seitdem die Entwicklung fördert und das Angebot durch Modifikationen und Erweiterungen abrundet. Hierzu siehe Abschnitt „Erweiterungen".

Version 4.2.2a

Dies ist die Webspell-Version, welche erstmalig Unterstützung von Mehrsprachigkeit bietet. Integriert sind standardmäßig 14 Sprachen: Deutsch, Englisch, Polnisch, Spanisch, Dänisch, Litauisch, Schwedisch, Slowakisch, Niederländisch, Portugiesisch, Ungarisch, Tschechisch, Kroatisch und Französisch.

Die Umsetzung der verschiedenen Sprachen erfolgt über Sprachdateien, sodass eine unkomplizierte Erweiterung auf andere Sprachen möglich ist.

Auch wurde das Admin Menu überarbeitet, man erhält nun im Admin Menu statistische Informationen und auch der Aufbau wurde verbessert.

Grundlegende Funktionsweise

Webspell bietet zunächst grundlegend Funktionen einer üblichen Online-Community. Gästebücher, Foren, Kommentarfunktion, Galerieskript etc. unterliegen hierbei der heute üblichen Anwendung. Des weiteren existieren Zusatzmodule, welche speziell für die Nutzung durch im E-Sport aktive Vereinigungen (bezeichnet als Clans) gedacht sind. An dieser Stelle seien nur Funktionen wie Spiel- und Auszeichnungsübersichten erwähnt. Generell kann der Aufbau – wie für Content-Management-Systeme üblich – in Frontend und Backend untergliedert werden.

Frontend

Webspell stellt die bereits genannten wichtigen Community-Funktionen zur Verfügung, lässt sich jedoch durch Zusatzmodule erweitern. Schwerpunkt bildet die Nutzung durch E-Sport-Teams (Clans). Daraus resultiert der Anwendungsbereich: Interaktion der Nutzer und Präsentation stehen im Mittelpunkt. Das Skript ist jedoch auch anderweitig einsetzbar: auch Firmen, Vereine oder ähnliche Gruppierungen verwenden Webspell. Ein Template-System lässt das Äußere der Website beliebig anpassen.

Backend

Durch eine umfangreiche Nutzerverwaltung und ein fortgeschrittenes Rechtesystem existiert ein echtes Mehrbenutzersystem zum Verwalten und Administrieren Webspell-basierter Webseiten, d.h es können unterschiedlichen Nutzern individuelle Verwaltungsaufgaben vom redaktionellen bis zum moderierenden Bereich zugewiesen werden. Die Verwaltung kann ohne Vorkenntnisse von Beschreibungs- oder Skriptsprachen erfolgen.

Society Edition

Diese Version entstand im Rahmen einer Diplomarbeit und ist für die Bedürfnisse von Non-Profit-Organisationen (beispielsweise Vereine) optimiert und erweitert worden. Mit dem erfolgten Abschluss der Diplomarbeit übernimmt das webSPELL-Team die offizielle Weiterentwicklung und den Support für die webSPELL Society Edition.

Erweiterungen

Viele Anwender haben Erweiterungen erstellt, die sie der Nutzergemeinde meist kostenfrei zur Verfügung stellen, was die Anwendungsbreite erhöht.

Von „http://de.wikipedia.org/wiki/Webspell"

WordPress

WordPress ist eine Software zur Verwaltung der Inhalte einer Website (Texte und Bilder). Es bietet sich besonders zum Aufbau und zur Pflege eines Weblogs an, da es erlaubt, jeden Beitrag einer oder mehreren frei erstellbaren Kategorien zuzuweisen, und automatisch die entsprechenden Navigationselemente erzeugt. Parallel gestattet es auch unkategorisierte Einzelseiten.

Weiter bietet das System Leserkommentare mit der Möglichkeit, diese vor der Veröffentlichung erst zu prüfen, sowie eine zentrale Linkverwaltung, eine Verwaltung der Benutzerrollen und -rechte und die Möglichkeit externer Plugins, womit WordPress in Richtung eines vollwertigen „Content-Management-Systems" ausgebaut werden kann.

WordPress basiert auf der Skriptsprache PHP (mindestens PHP 5.2.4) und benötigt eine MySQL-Datenbank (mindestens MySQL 5.0.15). Es ist freie Software, die unter der GNU General Public License (GPL) lizenziert wurde. Laut Aussage der Entwickler legt das System besonderen Wert auf Webstandards, Eleganz, Benutzerfreundlichkeit und leichte Anpassbarkeit. WordPress entstand auf Basis der Software *b2* und hat eine stetig wachsende Benutzer- und Entwicklergemeinde.

Geschichte

In den Jahren 2001/2002 entwickelte Michel Valdrighi ein in PHP geschriebenes Weblogsystem mit dem Namen b2/cafelog, das unter GPL veröffentlicht wurde. Einige Monate, nachdem Valdrighi die Entwicklung von b2 eingestellt hatte, gab Matthew Mullenweg im Januar 2003 in seinem Blog bekannt, dass er auf der b2-Codebasis eine neue Weblog-Software schreiben wolle, die einfach zu bedienen, flexibel und gut anpassbar sein sollte. Kurze Zeit später startete er zusammen mit Mike Little die Entwicklung von WordPress.

Die erste stabile Version von WordPress erschien am 3. Januar 2004. Seit Version 1.0.1 sind alle Hauptversionen nach Jazzmusikern benannt. Nachdem sich auch Michel Valdrighi der Entwicklergruppe um Mullenweg anschloss, wurde WordPress zum offiziellen Nachfolger von b2. Im Laufe der Jahre wurde der Funktionsumfang immer weiter ausgebaut. Seit der Version 1.5 („Strayhorn") unterstützt WordPress das Verwalten von statischen Seiten, also Beiträgen außerhalb der normalen Weblogchronologie. Damit war die Grundlage geschaffen, um WordPress nicht nur als reine Weblog-Software, sondern auch als einfaches Content-Management-System nutzen zu können.

Im August 2005 gründete Matt Mullenweg zusammen mit einigen anderen Entwicklern die Firma Automattic mit dem Ziel, weitere Dienste rund um das Bloggen anzubieten und die Entwicklung von WordPress besser zu koordinieren. Im selben Jahr startete Automattic den Bloghosting-Dienst WordPress.com, der auf der Multi-User-Version von WordPress basiert. Ein Jahr später fand das erste WordCamp in San Francisco statt.

2007 gewann WordPress den *Open Source CMS Award* in der Kategorie *Best Open Source Social Networking Content Management System* und 2009 in der Kategorie *Overall Best Open Source CMS*

Mit über 10 Millionen Downloads (allein von WordPress 2.8) gehört WordPress heute zu den am weitesten verbreiteten Weblog-Systemen.

Funktionen

Administrationsoberfläche seit Version 3.2

Die „5-Minuten-Installation"

Vom Download des Pakets mit dem Quellcode bis zum fertigen Blog werden nach Herstellerangaben regelmäßig weniger als fünf Minuten benötigt. Obwohl der Installations-Dialog in WordPress 3.0 erweitert wurde, werden die fünf Minuten weiterhin unterschritten.

Grundlegende Funktionen

WordPress unterstützt das Erstellen und Verwalten von Blogartikeln. Die einzelnen Artikel können in verschiedene Kategorien eingeordnet werden. Außerdem können einem Artikel Tags und weitere selbst definierte Metadaten (mittels „Benutzerdefinierter Felder") zugeordnet werden. Die Blogbeiträge werden neben der normalen Darstellung als Webseite den Lesern auch über Nachrichten-Feeds in den Protokollen RSS 2.0, RSS 0.93 und Atom 0.3 angeboten.

Mit WordPress kann man ebenfalls statische Seiten außerhalb der Bloghierarchie erstellen. Seit Version 2.6 wird zudem die Versionierung von Artikeln und Seiten unterstützt. Weiterhin kann WordPress Kommentareinträge und Links verwalten.

WordPress besitzt ein einfaches Redaktionssystem mit 5 Benutzerrollen (Administrator, Redakteur, Autor, Mitarbeiter, Leser), eine Mediengalerie mit eingebautem Uploader und eine integrierte Volltext-Suche. Außerdem ist standardmäßig TinyMCE als Texteditor aktiviert.

Plugins

Mit Hilfe von Plugins kann WordPress um diverse Funktionen erweitert werden. Alle diese Erweiterungen lassen sich mittels des eingebauten Editors bearbeiten.

Insgesamt sind im Plugin-Verzeichnis der Entwickler sowie über den integrierten „Plugin-Browser" mehr als 5000 verschiedene freie Plugins verfügbar. Es gibt beispielsweise Plugins, die die Verwendung anderer Loginverfahren wie LDAP, OpenID oder Shibboleth ermöglichen, den eigenen Blog mit Twitter verbinden oder WordPress um eine Statistik-Funktion erweitern.

Automattic bietet zudem Plugins, die eine Verbindung mit den anderen hauseigenen Projekten wie der Forensoftware bbPress oder Services wie dem Anti-Spam-Dienst Akismet ermöglichen.

Motive (Themes)

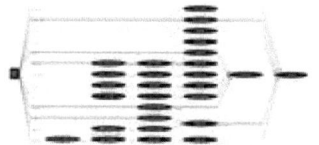

Hierarchie innerhalb eines WordPress-Themes

Durch den Einsatz der *Theme*-Technik werden Design und Programmkern von WordPress klar getrennt, was es leicht macht, individuelle Designs zu entwickeln, ohne mit der Programmierung der Software an sich vertraut zu sein. Allerdings ist es in WordPress auch möglich diverse Funktionen direkt in ein Theme zu programmieren, wodurch diese Trennung teilweise wieder aufgehoben werden kann.

Ein normales WordPress-Theme besteht aus einer Reihe von Bausteinen (PHP-Funktionen) und HTML-Code. Jedes Theme folgt dabei einem grundlegend gleichen Aufbau. Daher gibt es von einigen Entwicklern spezielle Themes, die bereits alle grundlegenden Bausteine beinhalten und somit die Entwicklung eines eigenen Themes vereinfachen.

Das seit Version 1.5 voreingestellte Theme war *Kubrick* (benannt nach Regisseur Stanley Kubrick). Auf der Seite der Entwickler und über den eingebauten „Theme-Browser" sind zudem viele weitere freie Themes für WordPress verfügbar. WordPress-Themes fallen genauso wie WordPress selbst unter die GPL.

Seit Version 3.0 verwendet WordPress standardmäßig das neue Theme „Twenty Ten" (dt. 2010), die bisher enthaltenen Themes „Classic" und „Default" („Kubrick") sind nur noch separat erhältlich.

WordPress μ

Das Projekt **WordPress μ** (μ = mu, Abkürzung für *Multiuser*) bot die Möglichkeit, Weblogs zu hosten und damit einen Weblog-Dienst einzurichten. WordPress-μ-Versionen basierten jeweils auf der aktuellen WordPress-Version und erschienen meist zeitnah zu dieser. Das Projekt wurde ebenfalls von Automattic koordiniert.

Seit WordPress 3.0 ist μ unter dem Namen „Multi-Site" ein fester Bestandteil der Blog-Software.

BuddyPress

BuddyPress ist ein Plugin für WordPress (ursprünglich nur für WordPress μ), das das Blog-System in ein kleines Soziales Netzwerk verwandelt. Die aktuelle Version ist 1.2.8 vom 23. Februar 2011.

WordPress für Mobilgeräte

Für Betriebssysteme (derzeit iOS, Android, Windows Phone 7, BlackBerry OS, Symbian) verschiedener Mobilgeräte werden Applikationen angeboten, die den mobilen Zugriff auf WordPress.com-Blogs und WordPress-Blogs ab Version 2.7 ermöglicht. Diese bieten unter anderem die Möglichkeit, Beiträge lokal zu bearbeiten sowie Bilder und Videos hochzuladen.

Community

WordPress Deutschland

WordPress Deutschland ist die „*zentrale Anlaufstelle der deutschsprachigen WordPress-Nutzer*". Der kommerzielle Bloghoster wordpress.com fällt trotz Namensähnlichkeit explizit nicht darunter, da dies ein ganz anderes Produkt ist, für welches der Betreiber eine eigene deutschsprachige Seite anbietet.

Kritik

DE-Edition

Die Integration des Plugins „LinkLift", das Werbeanzeigen durch Aktivierung des Benutzers in die inoffizielle deutsche Version 2.3 einband, löste Diskussionen unter Nutzern aus. Als Reaktion darauf wurde am 1. Oktober 2007 im WordPress Deutschland Blog bekanntgegeben, dass die umstrittene Erweiterung ab sofort nicht mehr zum Lieferumfang der deutschen Edition gehört.

Lange Zeit gab es zudem für WordPress im deutschsprachigen Raum mehrere Sprachdateien: eine von wordpress.org und zwei von WordPress Deutschland (eine „Du"- und eine „Sie"-Version). Da die Sprachdateien das gleiche Länderkürzel nutzten, kam es mit der Einführung des automatischen Updates mit WordPress 2.7 zu diversen Problemen mit der Update-Funktion. Diese Probleme wurden erst mit Version 2.8 und der Zusammenlegung der deutschen Sprachversionen behoben.

Mehrsprachigkeit

WordPress bietet keine native Unterstützung für mehrsprachige Webseiten. Zwar bieten Plugins die Möglichkeit, mehrsprachigen Inhalt zu verwalten, jedoch beziehen sich diese meist nur auf einzelne Postings und nicht auf alle verfügbaren Elemente. Alternativ ist es möglich, die MultiSite-Funktion von WordPress 3.0 zu nutzen und damit für jede Sprache ein eigenes Blog zu erstellen.

Speicherverbrauch

In Version 2.8 ist der Speicherverbrauch verglichen mit den Vorgängerversionen vor allem auf 64-Bit-Systemen stark gestiegen. Standardmäßig werden 32 bzw. 64 MB RAM benötigt. Diese - gemessen an modernen PCs geringen - Speicheranforderungen stellen heutzutage auch bei einfacheren Leistungspaketen kommerzieller Webhoster jedoch meist kein Problem mehr dar.

Mit Version 3.2 wollte man die Code-Menge reduzieren und an der Performance arbeiten.

Literatur

- Moritz Sauer: *Weblogs, Podcasting & Online-Journalismus*, O'Reilly-Verlag 2006, ISBN 978-3-89721-458-3
- Frank Bültge: *WordPress. Weblogs einrichten und administrieren.* Open Source Press 2007, ISBN 978-3-937514-33-8
- Vladimir Simovic: *WordPress: Das Einsteigerseminar.* bhv-Buch 2011, ISBN 978-3-8266-7549-2
- Vladimir Simovic: *WordPress – Das Praxisbuch.* mitp 2010, ISBN 978-3-8266-9043-3
- Frank Bültge, Thomas Boley: *Das WordPress-Buch. Vom Blog zum Content-Management-System.* Open Source Press Juli 2009, ISBN 978-3-937514-70-3

- Thomas Frütel: *WordPress professionell einsetzen.* Data-Becker 2009, ISBN 978-3-8158-2803-8
- Olivia Adler: *Praxiswissen WordPress*, O'Reilly-Verlag 2009, ISBN 978-3-89721-915-1
- Astrid Günther: *WordPress*, KnoWare, Osnabrück, ISBN 978-87-91364-97-6

Videotrainings
- Olaf Baumann: *WordPress - Websites mit WordPress umsetzen und pflegen*, video2brain 2011, ISBN 978-3-902550-92-7
- Sven Blomenkamp: *Bloggen mit WordPress*, mitp 2008, ISBN 978-3-8266-5065-9
- Frank Bültge: *WordPress - Das umfassende Training*, Galileo Press 2010, ISBN 978-3-8362-1532-9

Von „http://de.wikipedia.org/wiki/WordPress"

Xoops

Xoops (eigene Schreibweise: *XOOPS*) ist eine freie Portal-Software, die viele Elemente eines Web-Content-Management-Systems (CMS) beinhaltet. Xoops entstand als Abspaltung von PHP-Nuke und basiert wie dieses auf der Programmiersprache PHP sowie dem Datenbankmanagementsystem MySQL und unterliegt der GNU General Public License.

Geschichte

Xoops wurde vom Japaner Ono Kazumi (*Onokazu*) gegründet. Die Entwicklung des Systems begann im Jahr 2001; Version 1.0 (Release Candidate 1) wurde am 1. Januar 2002 veröffentlicht. Seit 2007 ist der Chinese Taiwen Jiang für das Projekt hauptverantwortlich.

Xoops wurde in verschiedenen Magazinen und Portalen als CMS und Portalsystem empfohlen. Der Edge-Newsletter von Adobe Systems beispielsweise bewertet in seiner Ausgabe vom April 2008 die drei Systeme Drupal, Joomla! und Xoops als ideal zum Aufbau von E-Commerce-Seiten. In den vom britischen Verlag *Packt* jährlich ausgeschriebenen *Open Source CMS Awards* erreicht Xoops regelmäßig eine der fünf obersten Platzierungen.

Xoops nahm mehrmals erfolgreich an asiatischen Open-Source-Wettbewerben teil und gewann 2009 den großen Preis der *Open Source Software Challenge* in Korea.

Beschreibung

Die Bezeichnung Xoops steht für *eXtensible Object Oriented Portal System*, Englisch für „erweiterbares, objektorientiertes Portalsystem". Mit Xoops lassen sich komplexe Websites einfach verwalten. Das Grundsystem selbst bietet ein mit Modulen skalierbares Framework mit Mehrbenutzerverwaltung. Design und Layout können über die integrierte Smarty Template Engine oder mit bereits verfügbaren Layoutvorlagen angepasst werden. Haupteinsatzbereich von Xoops sind Online-Communitys; Xoops kann jedoch auch die Anforderungen an ein klassisches Content-Management-System erfüllen. Xoops ist nicht direkt für Webdesigner optimiert. Zwar verwendet Xoops eine Template Engine, mit der prinzipiell alles angepasst werden kann, jedoch existieren nur wenige herausragende vorgefertigte Layoutvorlagen für Xoops.

Xoops lässt sich durch sogenannte Module um weitere Funktionen wie beispielsweise Gästebücher, Foren, Wikis und vieles mehr erweitern. Mit der Einführung der Version 2.3 werden die beiden Versionen 2.0 und 2.2 wieder zu einer Version vereint. Durch die Umstellung auf UTF-8 sind jedoch noch nicht alle Module umgestellt bzw. angepasst worden. Hier liegt noch viel Arbeit bei den jeweiligen Entwicklern und Übersetzern. Die derzeit aktuelle stabile Version ist die am 11. November 2010 veröffentlichte Version 2.5 Für die zukünftige Entwicklung dürften weitere Fortschritte bei der Entwicklung der Module wie dem Kern selbst entscheidend sein.

Abspaltungen

Xoops startete als Abspaltung von PHP-Nuke und brachte selbst wiederum Abspaltungen hervor, unter anderem:
- ImpressCMS
- XoopsCube

Von „http://de.wikipedia.org/wiki/Xoops"

CMSimple

CMSimple war ein freies Content-Management-System, welches von dem Dänen Peter Harteg entwickelt wurde. Es entspricht dem Konzept des Entwicklers, ein System ohne umfangreiche Einarbeitungszeit zu schaffen: „simple, smart and small". Diese Vorzüge haben die Zeitschrift Internet Professionell dazu bewogen, CMSimple im Juli 2004 mit der „Empfehlung der Redaktion" zu versehen.

CMSimple benötigt einen Webserver mit PHP-Unterstützung ab Version 4.0.4 und belegt nach der Installation etwa 170 KB Speicherplatz. Eine Datenbank ist nicht erforderlich. Alle Daten werden in einer einzigen HTML-Datei gespeichert und durch H1, H2 und H3 Tags gesplittet angezeigt. Aufgrund dieses Konzeptes eignet sich ein solches System für kleine und mittlere Websites von nicht mehr als 1000 Seiten. Es verfügt weder über Workflow noch eine Benutzerverwaltung, so dass es sich nicht um ein *wirkliches* CMS handelt. Für Webseiten die lediglich von einer Person gepflegt werden, ist es jedoch in sehr kurzer Einarbeitungszeit anzuwenden. Es liegen inzwischen Portierungen in zahlreichen Sprachen vor.

Inzwischen wurden diverse Vorlagen (Layouts) zu CMSimple entwickelt. Der Hersteller nennt derzeit vier aktive Entwickler von CMSimple-Vorlagen, welche alle Ihre Vorlagen zu unterschiedlichen Lizenzbestimmungen anbieten. Das Ende des Projekts wurde 2009 angekündigt. Letzte kleine Änderungen wurden 2010 vom Entwickler in die Version 3.3 eingepflegt.

Legacy und Fork

Nach der Ankündigung Hartegs das CMSimple nicht mehr weiterentwickeln zu wollen, wurde das CMS 2009 von einem Entwicklerteam geforkt. Die neue Version wird unter dem Namen *CMSimple_XH* vertrieben. Daneben wird auch die alte Version zum Zweck der Rückwärtskompatibilität von Preben Björn Biermann Madsen gepflegt und als *CMSimple Legacy (LE)* unter der GPLv3 veröffentlicht.
Von „http://de.wikipedia.org/wiki/CMSimple"

Compliant Transaction Recording

Compliant Transaction Recording (CTR) steht für die revisionssichere Archivierung von beliebigen webbasierten Transaktionen und Interaktionen. Es ist ein Begriff aus dem Bereich der Web-Content-Management-Systeme (WCMS).

CTR-Lösungen ermöglichen die Archivierung von Webseiten sowie von Geschäftsprozessen und Transaktionsabläufen, die über Webseiten laufen - z. B. Aufträge oder Informationsabrufe. Die zu einem bestimmten Zeitpunkt in einer Webseite enthaltenen Informationen werden unveränderbar erfasst und archiviert, damit sie jederzeit genau in der Form nachweisbar sind, wie sie der Webseite-Benutzer gesehen hat.

Das Verfahren eignet sich neben der rechtssichern Archivierung auch zur Analyse des Nutzerverhaltens und der Gebrauchstauglichkeit eines internetbasierten Informationssystems.
Von „http://de.wikipedia.org/wiki/Compliant_Transaction_Recording"

Contrexx

Contrexx ist ein Open Source Web Content Management System, welches hauptsächlich von dem Unternehmen COMVATION AG entwickelt wird. Es ist in PHP geschrieben und speichert die Daten in einer MySQL-Datenbank ab. Erhältlich ist es in einer Open-Source-Version für nichtkommerziellen Gebrauch sowie einer kommerziellen Version für Unternehmen. Mittels Webinstaller kann Contrexx ohne technisches Fachwissen installiert werden.

Module

Contrexx wird mit über 22 voll integrierten Zusatzmodulen wie Online Shop, Podcast, Linkverzeichnis, Corporate-Modul (Blog), Adressverwaltung, Kontaktmanager, Forum, Downloadsystem, Newsletter usw. ausgeliefert und lässt sich individuell an die Bedürfnisse seines Benutzers anpassen.

Besondere Eigenschaften

Contrexx bietet einen Content-Verlauf, mit dem gelöschte Seiten wieder hergestellt (Workflow-System) und Seitenänderungen beliebig rückgängig gemacht werden können. Es ist zudem in der Lage, automatische Google Sitemaps zu erstellen und bietet ein Design Layouts Export- und Importsystem (als Dateisystem oder als Zip-Archiv). Ein WYSIWYG-Editor mit Unterstützung für die Webbrowser Internet Explorer 6/7, Mozilla Firefox, Safari und Opera ist integriert.

Webdesign Templates

Kostenlose Contrexx Webdesign Vorlagen (Webdesign Schema) können im Template Verzeichnis heruntergeladen werden.

Mindestanforderungen

Server

Contrexx kann auf Servern betrieben werden, die PHP ab Version 5.2.0, MySQL ab Version 4.1.2 und die GD-Lib ab Version 1.6 verwenden.

Client

Als Client kommen alle aktuellen Webbrowser in Frage. Dabei muss jeweils JavaScript und Cookie-Unterstützung aktiviert sein.

Anmerkungen

Von „http://de.wikipedia.org/wiki/Contrexx"

Government Site Builder

Der **Government Site Builder** (GSB) wurde als zentrale Content-Management-Lösung für die Webangebote der deutschen Bundesverwaltung entwickelt. Er entstand im Rahmen der E-Government-Initiative BundOnline 2005 als Basiskomponente Content-Management-System (CMS) für die Internet-, Intranet- sowie Extranet-Aktivitäten der Bundesverwaltung und liegt seit Februar 2011 in der Version 4.1 vor.

Der Government Site Builder basiert auf dem Content-Management-System der CoreMedia AG. Der GSB bietet darüber hinaus Standardbausteine zu den typischen Aufgaben eines CMS. Diese können von den Behörden unverändert übernommen, spezifisch konfiguriert oder durch zusätzliche Eigenentwicklungen ergänzt werden. Die vorbereiteten Module und Erweiterungen reduzieren den zeitlichen und finanziellen Aufwand einer CMS-Einführung.

Zahlreiche Bundesministerien und -behörden verwenden den GSB für ihre Internet-, Intranet- und Extranetauftritte: zum Beispiel das Dienstleistungsportal bund.de, die Webseiten der Bundesregierung oder der Bundesrat. Außerhalb des Bundes nutzt das Land Schleswig-Holstein den GSB für sein Internetportal der Landesregierung.

Der Government Site Builder ermöglicht die Erstellung barrierefreier Webseiten nach BITV und bietet ein konfigurierbares Layout, das sich an den vom Presse- und Informationsamt der Bundesregierung veröffentlichten Gestaltungsrichtlinien orientiert. Er ist konform zu den Standards und Architekturen für E-Government-Anwendungen (SAGA). Der GSB wird beim Beauftragten der Bundesregierung für die Informationstechnik als Einer-für-Alle-System (EfA-System) Content Management System (CMS) geführt.

Entwickelt wurde die Lösung durch das Bundesverwaltungsamt, unterstützt durch die Materna GmbH. Die zum 1. Januar 2006 im BVA eingerichtete Bundesstelle für Informationstechnik (BIT) berät mit ihrem *Kompetenzzentrum Content-Management-System* bei Implementierungen und bietet einen zentralen Hosting Service für mit dem GSB realisierte Internetauftritte in ihrem Rechenzentrum an. Für die Nutzung des zentralen Hostings muss unter Umständen eine Qualitätsprüfung der geänderten Templates gegenüber dem Basislayout stattfinden.

Eingesetzte Module und verwendete Quelloffene Software

- Das Lucene-Projekt kann zur Realisierung einer Suchfunktion genutzt werden.
- Ein Apache-Webserver stellt die HTTP/HTTPS-Funktionen bereit. Insbesondere das Rewrite-Modul wird dabei zur Zwischenspeicherung verwendet.
- Java-Plattform (über CoreMedia)

Von „http://de.wikipedia.org/wiki/Government_Site_Builder"

RedDot

RedDot ist ein Web Content Management System, das von der Open Text Web Solutions AG (ehemals RedDot Solutions AG), einem Geschäftsbereich des kanadischen Unternehmens Open Text Corporation, angeboten wird.

Geschichte

RedDot wurde 1993 am Hauptsitz Oldenburg gegründet.

Im Juni 2005 hat Hummingbird alle RedDot-Aktien übernommen. Circa ein Jahr später (Oktober 2006) wurden Hummingbird und RedDot durch die Open Text Corporation übernommen.

Seit Januar 2006 nennt sich RedDot *Open Text Web Solutions Group*.

2007 hat RedDot vom Analystenhaus Gartner als einziger deutscher Anbieter ein *Positive Rating* im *MarketScope for Web Content Management* für die ECM Suite erhalten.

Produkte

Die RedDot besteht aus hauptsächlich 3 Produkten:

- RedDot Content Management Server (CMS)
- RedDot Extended Content Management Server (XCMS)
- RedDot LiveServer

Technologie

Das Kernprodukt RedDot CMS basiert auf dem Staging-Prinzip der Datenhaltung- und Pflege auf dem Content-Management-Server und der Ausgabe auf dem Webserver. Das RedDot-CMS basiert auf Windows-Server, ASP und der proprietären Abfragesprache RQL (RedDot Query Language). Die Oberfläche setzt die Benutzung von Internet Explorer voraus. Mit der Version 7 wurde das System um ASPX.NET Komponenten erweitert, die das Erstellen der Navigation vereinfachen sollen. Des Weiteren wurden mit dem Navigation Manager RedDot-spezifische Tags eingefügt, jedoch fehlt im Navigation Manager ein detailliertes Berechtigungskonzept.

Einfaches render-tag-Beispiel

```
<reddot:cms>
 <if>
  <query valuea
="Context:CurrentRenderMode"
operator="!=" valueb="Int:2">
   <htmltext>
    Dies wird nur auf dem RedDot
Server ausgeführt
    und erscheint nicht auf dem
Webserver.
   </htmltext>
  </query>
 </if>
</reddot:cms>
```

Von „http://de.wikipedia.org/wiki/RedDot"

VIO.Matrix

VIO.Matrix ist ein kommerzielles Desktop-Content-Management-System (CMS). VIO.Matrix wird seit dem Jahr 2000 in C/C++ entwickelt und nutzt server- und clientseitig eine eigene Datenbank. Historisch entstand das System aus einem Online-Shop-System und kann aufgrund der enthaltenen E-Commerce-Funktionalitäten auch als solches genutzt werden.

Eine Besonderheit ist, dass das System zur Administration und Redaktion eine Windows-Applikation (Desktop-Anwendung) nutzt. Im Bereich der Content-Management-Systeme für mittlere bis große Webseiten stellt dies eine Ausnahmeerscheinung dar. Die Generierung dynamischer Webseiten erfolgt durch eine C/C++-Applikation auf einem Webserver, der das CGI unterstützen muss. Als Webserverbetriebssysteme werden Windows, Linux und FreeBSD unterstützt.

VIO.Matrix kann neben serverseitig dynamisch generierten auch statische Webseiten erstellen, die auch anderen, serverseitig auszuführenden Skriptcode (etwa PHP) enthalten können (*hybrides CMS*). Die Dynamisierung vorhandener HTML-codierter Designs erfolgt mit Hilfe einer Administrationsanwendung.

Nachteil des Systems ist, dass zur Administration und redaktionellen Pflege der Windows-Client vorhanden sein muss. Die mobile Pflege von Webseiten von jedem Ort der Welt ist im Unterschied zu Web-Content-Management-Systemen nicht praktikabel, bietet aber gleichzeitig auch den Vorteil, dass man nicht online sein muss, um Änderungen an der eigenen Webseite vorzubereiten.

Neben den kommerziellen Lizenzen existiert eine freie *VIO.Matrix Home Edition*, die für private Zwecke uneingeschränkt genutzt werden kann. Mit dieser Lizenz können lediglich statische Seiten erzeugt werden (statifizierendes System), welche dann via FTP auf einen Webserver kopiert werden können.
Von „http://de.wikipedia.org/wiki/VIO.Matrix"

Web to date

Web to date (als Meta-Element "generator" auf damit erstellten Websites als **Web2Date** bezeichnet) ist ein Web-Content-Management-System, welches von dem Düsseldorfer Softwareverlag Data Becker vertrieben wird. Das Programm ist nur unter dem Betriebssystem Microsoft Windows lauffähig, die HTML- und PHP-Webseiten werden aus dem Programm heraus erzeugt und auf den Webserver hochgeladen.

Die Software erschien erstmalig als Version 1.0 im Juni 2002 und zuletzt 2010 als Version 7.0, und wurde zusammen mit Anwendungsbüchern aus dem Verlag Data Becker vertrieben.

Auch ein Anwender ohne Design- und HTML-Kenntnisse kann mit dem Programm Websites erstellen, dabei helfen die Benutzerführung und die verfügbaren Software-Assistenten. Die erzeugten Webseiten können jederzeit aktualisiert oder erweitert werden. Inhalte und Design der Website können separat bearbeitet und konfiguriert werden. Dabei stehen dem Anwender verschiedene Variationen und Farbkombinationen zur Verfügung. Website-Assistenten und Homepage-Vorlagen unterstützen den Anwender bei seiner Homepageentwicklung.

Der HTML-Quelltext bleibt dem Anwender weitgehend verborgen und wird von der Software vorerst auf dem eigenen Computer erzeugt. Danach besteht die Möglichkeit, das Projekt außerhalb der Software weiterzubearbeiten oder das Projekt direkt aus der Software heraus auf einen Server hochzuladen.

Wegen der einfachen Bedienung und des relativ günstigen Preises hat sich das Programm bei Einsteigern sowie Hobbyanwendern als auch bei Kleinunternehmern schnell verbreitet.

Die Software erfordert eine Produktaktivierung.

Merkmale
- Jederzeit reale Seitenvorschau der Webseite möglich
- Verschiedene Designvariationen
- Fertige Webseiten-Vorlagen und Themen
- Webseiten-Erstellungsassistent
- Assistent für Bildergalerien
- Textinhalt-Import-Funktion

Literatur
- Monika Wetzels: *Das große Praxisbuch Web To Date 6. Webselling, Geld verdienen mit dem Internet*. Data Becker, 2009, ISBN 978-3-8158-2934-9.
- Monika Wetzels: *Praxisbuch Web To Date 5. Ganz einfach attraktive Webpräsenzen gestalten*. Data Becker, 2007, ISBN 3815825768. (Zweite Auflage)
- Thomas Wagner und Thomas Müller: *Professionelle Webseiten mit Web-to-Date 5*. Data Becker, 2007, ISBN 3815827965.

Von „http://de.wikipedia.org/wiki/Web_to_date"

Antville

Antville ist eines der ersten freien europäischen Hosting-Systeme für Weblogs. Es ist ein einfaches Content-Managament-System, das auf dem Helma Object Publisher basiert, einem in Java geschriebenem Web-Applikations-Framework. Die erste Antville-Installation (antville.org) ist eine der ersten Weblog-Communities im deutschsprachigen Raum.

Geschichte
2001 begannen die beiden Programmierer Robert Gaggl und Hannes Wallnöfer damit, nach dem Vorbild der damals führenden Weblog-Hosting-Plattform Blogger.com ein Weblog-System auf der Basis des Java-Frameworks Helma Object Publisher zu schreiben. Sie gaben dem Projekt den Namen Antville und registrierten die Domain antville.org, unter der ein Testserver laufen sollte.

Am 18. Juni 2001 war die erste Rohfassung der Software fertiggestellt, zwei Wochen später startete das erste Weblog auf antville.org, als Testplattform. Zeitgleich komplettierte Tobi Schäfer das Entwicklertrio.

Die erste Version von Antville bot den Nutzern einfache CMS-Funktionen: Veröffentlichen und Verwalten von Texten, Bildern und Dateien, Kommentarfunktion für registrierte Benutzer, sowie individuelle Gestaltung des Site-

Layouts (via *Skins*). Die Bedienung erfolgt über ein einheitliches Benutzer-Interface im Web-Browser, das Claudia Bogun (Art-Direktorin bei ORF Online) graphisch gestaltet hat.

Da sich zu Beginn jeder Benutzer mehrere Weblogs kostenlos auf dem Testserver anlegen durfte, näherte sich dieser schnell den Grenzen seiner Leistungsfähigkeit. Deshalb sperrten die Entwickler bei 2.748 Sites und ca. 12.000 registrierten Benutzern das Erstellen von neuen Weblogs. Neue Benutzer dürfen sich aber weiterhin registrieren.

Im Dezember 2002 erging seitens der Entwickler ein Spendenaufruf an die Benutzer von antville.org, mit dem 3.000 € für einen neuen Server eingenommen werden sollten *(Antville Server Fund)*. Trotz der höheren Leistung des von diesem Geld angeschafften Servers wurde die Beschränkung, keine neuen Weblogs erstellen zu können, nicht mehr aufgehoben.

Im Dezember 2005 begann die Firma Knallgrau eine eigene Antville-Version namens twoday.net als sogenannten *Fork* weiterzuentwickeln.

Tobi Schäfer hat am 17. Januar 2006 offiziell verlautbart, aus dem Antville-Entwicklerteam auszuscheiden.

Im Mai 2007 gab Schäfer jedoch bekannt, dass er an einer neuen Version der Antville Software arbeiten möchte. Antville User wurden aufgerufen ihre Wünsche an die Entwickler zu übermitteln. Mittels Spenden wurde der »Antville Summer Of Code 2007« umgesetzt.

Aufgrund zunehmender Probleme mit dem gespendeten Server wurde am 14. Februar 2009 die Site antville.org auf einen neuen Server verschoben.

Um Tobi Schäfer als mittlerweile einzigen Entwickler der Software und Betreiber von antville.org zu entlasten, wurde zusammen mit einigen Benutzern der Verein »antville – Verein für Entwicklung, Betrieb und Unterstützung freier Publishing-Software« gegründet und am 11. August 2009 im Vereinsregister der Republik Österreich eingetragen.

Seit dem 2. November 2009 können wieder neue Weblogs auf Antville eröffnet werden: zunächst nur auf Anfrage, seit Frühjahr 2011 wieder für jeden registrierten Benutzer möglich.

Von „http://de.wikipedia.org/wiki/Antville"

Blogger.com

Blogger ist ein Blog-Hostingdienst, der von Pyra Labs gegründet wurde und mittlerweile vom Suchmaschinenbetreiber *Google* gekauft wurde. Laut einer Untersuchung von Sophos, einem Anbieter von Sicherheitssoftware, war Blogger 2008 mit seiner Domain *blogspot.com* außerdem der weltweit größte Verbreiter von Schadprogrammen.

Blogger ist ein Dienst, der den Bekanntheitsgrad von Weblogs (oft auch *Blog* abgekürzt) steigern soll. Die Benutzer müssen zur Erstellung eigener Beiträge weder Software auf Servern installieren noch HTML beherrschen, haben aber trotzdem die Möglichkeit das Design zu beeinflussen.

Geschichte

Gegründet wurde Blogger im August 1999 von Pyra Labs. 2003 kaufte das Suchmaschinenunternehmen Google Inc. Pyra Labs und dazu Blogger. Google stellte die Mittel, welche Pyra brauchte. Zudem wurden frühere kostenpflichtige Premium-Merkmale mit Googles Hilfe kostenlos. Weniger als ein Jahr später verließ Pyra-Labs-Mitbegründer *Evan Williams* Google.

Google kaufte Picasa, eine Bildsoftware, im Jahre 2004 und Picasas Foto-Veröffentlichungs-Hilfsprogramm *Hello* wurde in Blogger integriert, was Benutzern erlaubt, ihre Bilder in ihren Blogs zu posten.

Am 9. Mai 2004 kehrte Blogger mit einem neuen Design zurück, welches in Zusammenarbeit zwischen den Webdesign-Firmen *Adaptive Path* und Stopdesign geschah. Des Weiteren wurden neue Merkmale, wie CSS-konforme Vorlagen, individuelle Archivseiten für Beiträge und das Posten per E-Mail hinzugefügt.

Funktionen

Blogger bietet an, die Blogs auf ihrem eigenen Server *Blogspot* oder auf einem von dem Benutzer frei wählbaren Server (per FTP oder SFTP) zu installieren.

Redesign

Im Jahr 2006 wurden alle Blogs, die mit einem Google-Konto erstellt wurden, auf die Google-Server übertragen. Mit der Migration wurden einige Merkmale eingeführt, zum Beispiel: Labels, Drag & Drop beim Layout, Berechtigungen (Private Blogs) und Feeds.

Integration

- In die Google Toolbar ist die Schaltfläche *Blogger* integriert, mit der es möglich ist, entweder eine ganze Webseite oder nur eine Auswahl in seinem Blog zu posten.
- *Blogger für Word* war eine kostenlose Erweiterung für Microsoft Office, mit der es möglich war, Einträge online und offline zu bearbeiten. Im Januar 2007 sagte Google, dass dieses Add-on nicht mehr kompatibel zur aktuellen Version des Bloggers ist. Mit Microsoft Office 2007 ist es möglich, in Blogger Einträge ohne das Add-on zu veröffentlichen.
- Mit Blogger ist es sehr einfach, Google-AdSense-Anzeigen zu schalten.
- Bei Googles Bloggingdienst können mehrere Autoren an einem Blog arbeiten.

Blogger in draft

Blogger in draft bietet eine Vorschau auf unfertige Elemente.

Von „http://de.wikipedia.org/wiki/Blogger.com"

LiveJournal

LiveJournal (auch **LJ** abgekürzt) ist eine Website, die Weblogs anbietet und es so jedem Benutzer erlaubt, ein Online-Tagebuch zu führen. *LiveJournal* ist außerdem der Name der quelloffenen Server-Software, die entwickelt wurde, um diesen Dienst anzubieten. LiveJournal unterscheidet sich von anderen Weblog-Anbietern vor allem durch die Betonung der Nutzergemeinschaft, wie sie zuvor vor allem im WELL (eine der ältesten Online-Community) bekannt war, und durch die Unterstützung sozialer Netzwerke.

Verbreitung

LiveJournal hatte im Oktober 2007 ca. 14 Millionen Benutzer, davon über 3 Millionen in den USA, über 500.000 in Russland, ca. 270.000 in Kanada und ca. 240.000 im Vereinigten Königreich. Aus Deutschland waren ungefähr 43.830 Benutzer angemeldet (Rang 9).

In Russland hat LiveJournal eine besondere Popularität. Dort heißt es übersetzt *Schiwoi schurnal* (russisch: Живой журнал oder kurz ЖЖ). Anders als beispielsweise in den USA führen immer mehr bekannte russische Journalisten, Publizisten, Politiker, Künstler und Sportler eigene LiveJournal-Weblogs.

Gründer und Betreiber

LiveJournal wurde 1999 von Brad Fitzpatrick gegründet, ursprünglich um seine Mitschüler über seine Aktivitäten zu informieren. Im Januar 2005 wurde die Betreibergesellschaft von LiveJournal, Danga Interactive, von dem Softwareunternehmen Six Apart aufgekauft.

Auch nachdem LiveJournal von SixApart übernommen wurde, wird an der Software weiter entwickelt und das Projekt weiter geführt.

In „russischer Hand"

Im Dezember 2007 wurde das LiveJournal von dem 46jährigen russischen Unternehmer Alexander Mamut gekauft, dessen Firma SUP bereits seit 2006 die russische Sparte des Dienstes als Lizenznehmer betrieben hatte.

Von „http://de.wikipedia.org/wiki/LiveJournal"

Six Apart

Six Apart ist ein 2001 gegründetes Unternehmen mit Hauptsitz in San Francisco, welches Software entwickelt. Dependancen befinden sich in New York City, Paris und Tokio. Das Unternehmen ist vor allem für das von ihnen entwickelte Weblog Publishing System Movable Type bekannt. Außerdem betreibt Six Apart die Blog-Hostingservices TypePad und Vox. Von Januar 2005 bis Dezember 2007 gehörte auch der Dienst LiveJournal zum Unternehmen.

Der Unternehmensname (Firma) wurde gewählt, da die Geburtstage der beiden Gründer Benjamin Trott und Mena Trott genau sechs Tage auseinander liegen.

Von „http://de.wikipedia.org/wiki/Six_Apart"

SnipSnap

SnipSnap ist ein sogenanntes WikiLog oder Bliki – es vereint also die Funktionalitäten von Wikis und Weblogs. SnipSnap ist als Freie Software unter der GNU General Public Licence (GPL) verfügbar und sehr einfach zu installieren. Produziert wird die Software am Fraunhofer-Institut für Rechnerarchitektur und Softwaretechnik (FIRST).

Die Entwicklung von SnipSnap ist am 29. Juni 2007 eingestellt worden.

SnipSnap hat einige besondere Eigenschaften, die es besonders interessant für den Einsatz als Wissensmanagement-Werkzeug und für Dokumentation und Kommunikation in Softwareentwicklungsprojekten machen:

- Verschiedene Themes, die leicht als Wikiseiten bearbeitet werden können
- Einfache Verweise mit ganzen Phrasen und Sätzen
- Namensräume
- Groovy Scripting als Teil des Wiki
- Metadaten für Kategorisierung
- Hochladen von Bildern und anderen Dateien
- Makros, mit der die Wiki-Sprache leicht erweitert werden kann
- Graphendarstellung (textuelle Beschreibung wird in Grafik umgesetzt)
- UML-Scripting
- Voll UTF-8-kompatibel
- Unterstützung verschiedener Sprachen (Lokalisierung)

Von „http://de.wikipedia.org/wiki/SnipSnap"

twoday.net

twoday.net ist eine der größten deutschsprachigen Weblog-Hosting-Plattformen und eine der größten deutschsprachigen Weblog-Communitys. Sie wird von *Knallgrau New Media Solutions* betrieben, einer Agentur für Neue Medien aus Wien.

Die Plattform ermöglicht es Nutzern,

ein vom Anbieter kostenlos oder gegen eine monatliche Gebühr bereitgestelltes Weblog zu betreiben. Sie hat zur Zeit mehr als 100.000 registrierte Anwender, die mehr als 46.000 Weblogs betreiben (Stand: Dezember 2008).

Geschichte

Twoday.net wurde im Februar 2003 gestartet. Die Arbeit an der Plattform wurde im Jahr 2002 begonnen. Zu diesem Zeitpunkt gab es nur wenige und ausschließlich nichtkommerzielle deutschsprachige Weblogplattformen am Markt. Die Plattform antville.org, die ein wichtiges Zentrum der deutschsprachigen Blogosphäre war, arbeitete an ihrer Belastungsgrenze und nahm keine neuen Benutzer mehr auf. Knallgrau setzte sich das Ziel, den ersten kommerziellen deutschsprachigen Weblog-Hosting-Dienst zu starten.

Produkte

Derzeit werden drei verschiedene Produkte angeboten: In der Variante „Free" kann der Benutzer kostenlos ein Weblog anlegen. Die kostenpflichtigen Varianten „Basic" und „Advanced" (5 bzw. 20 Euro monatlich) bieten größeren Speicherplatz und erweiterte Funktionalität, etwa die Möglichkeit, den Zugriff auf das Weblog zu beschränken.

Aus der Weblogplattform entstandene Produkte

Zum einjährigen Geburtstag der Plattform wurde im März 2004 das Buch „Readme.txt" mit ausgewählten Weblogeinträgen herausgegeben. Anschließend wurden mehrere Lesungen durchgeführt.

Im September 2005 wurde das Online-Magazin „mindestenshaltbar.net" gestartet, in dem Weblogbetreiber aus der twoday.net-Community als Autoren fungieren.

Agenturprojekte

Knallgrau entwickelte auf Basis der für twoday.net entwickelten Technik auch Softwareplattformen für Kunden. So betreibt etwa die TU Wien eine Weblogplattform für ihre Angehörigen auf Basis der Technik von twoday.net. Auch die Telekom Austria setzt eine Communityplattform mit Weblogelementen ein („AON Weblife"), die aus der Technik von twoday.net entwickelt wurde.

Technik

Twoday.net basiert auf einer Weiterentwicklung der Software antville.

Im Dezember 2005 wurde der damals aktuelle Entwicklungsstand der Software von twoday.net als freie Software veröffentlicht. Dieses Softwareprojekt trägt den Namen *twoday.org*, die Software selbst **twoday**. Der Entwicklungsprozess wurde jedoch nicht geöffnet, sondern findet intern bei *Knallgrau New Media Solutions* statt. Seit Dezember 2005 gab es auch keine weiteren Veröffentlichungen der inzwischen weiterentwickelten Software.

Forschung

Die Weblogcommunity war mehrfach Gegenstand empirischer Weblogforschung, etwa 2003 in einer Master-Thesis von Lucy Traunmüller, 2004 in Studien von Michael Schuster und 2005 in Forschungsarbeiten von Jan Schmidt.

Literatur

- Alexander Ostleitner, Michael Schuster (Hrsg.): *readme.txt Weblogs. twoday.net 2003–2004*. 1. Auflage. BoD GmbH, Norderstedt, 2004, ISBN 3833409401
- Lucy Traunmüller: *Weblog Communities – Betrachtung eines Praxisbeispiels* Master-Thesis an der Donau-Universität Krems. Juni 2003, Wien.
- Jan Schmidt: *Praktiken des Bloggens. Strukturierungsprinzipien der Online-Kommunikation am Beispiel von Weblogs*. Berichte der Forschungsstelle „Neue Kommunikationsmedien", Nr. 05-01, Bamberg, 2005.

Von „http://de.wikipedia.org/wiki/Twoday.net"

Weblog-Software

Eine **Weblog-Software** oder **Weblog-Publikationssystem** (**WPS**) oder englisch **Weblog Publishing System** ist ein Content-Management-System zur Erstellung und Verwaltung von Weblogs.

Eigenschaften und Funktionen

Charakteristisch für Weblog Publishing Systeme sind folgende Eigenschaften und Funktionen:

- Besonders einfaches Publizieren von Einträgen – keine HTML-Kenntnisse notwendig.
- Vom Nutzer konfigurierbare Templates. Im Standard-Template sind die einzelnen Einträge rückwärts chronologisch angeordnet.
- Veröffentlichte Einträge erhalten Permalinks.
- Einträge können von den Lesern – ähnlich wie in Web-Gästebüchern – kommentiert werden (Kommentarfunktion).
- Unterstützung von ein- und ausgehenden Trackback-Pings.
- Ausgabe von Newsfeeds.

Viele Weblog Publishing Systeme bieten inzwischen auch Funktionen, die über den für den Vorgang des Bloggens erforderlichen Funktionsumfang hinausgehen. Auch bieten viele „vollwertige" Content-Management-Systeme inzwischen Blogging-Funktionalität. Eine eindeutige Abgrenzung ist daher heute oft aus technischer Sicht nur schwierig vorzunehmen. Sie erfolgt vor allem aus der Geschichte der Systeme: Systeme, die ursprünglich als Weblog Publishing Systeme konzipiert waren, werden weiter als solche betrachtet. Content-Management-Systeme mit später hinzugekommener Blogging-Funktion werden als ebensolche und nicht als spezielle "Weblog Publishing Systeme" angesehen.

Liste bekannter Weblog

Publishing Systeme

Installation auf eigenem Server/Webspace
- Drupal
- LifeType
- Movable Type
- Nucleus CMS
- Serendipity (Weblog)
- Textpattern
- WordPress

Gehostete Lösungen
- Blogger.com
- Twoday.net
- WordPress.com
- Antville
- Tumblr

Von „http://de.wikipedia.org/wiki/Weblog-Software"

Creole (Markup)

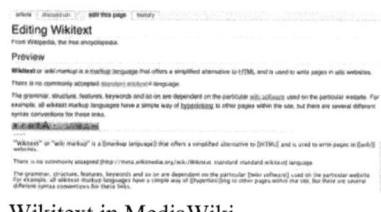

Wikitext in MediaWiki

Creole ist eine vereinfachte Auszeichnungssprache für Wikitext

Ziel

Der Zweck ist, eine Auszeichnungssprache mit einer standardisierten Wikisyntax zu definieren, die es Benutzern erlaubt, Dokumente zwischen verschiedenen Wikis einfach zu übertragen. Darüber hinaus soll sie einfach zu erlernen und benutzen sein und auf Elementen bereits vorhandener Markups verschiedener Wiki-Systeme basieren. Zu diesem Zweck wurden gängige Auszeichnungssprachen untersucht; die am häufigsten verwendeten Formatierungsbefehle flossen in die Spezifikation ein. Dies geschah in einem offenen und pluralistischen Prozess, um eine möglichst große Akzeptanz des neuen Standards zu erreichen.

Entwicklung

Auf der WikiSym-Konferenz 2006 wurde dieses Projekt ins Leben gerufen, zurückgehend auf eine Idee von Ward Cunningham auf der Wikimania 2006. Es laufen derzeit die Vorbereitungen für den Start der Konstruktion der nächsten Version, die noch mehr Funktionen standardisieren soll.

Aktuell freigegebener Standard ist die Version 1.0. Die Entwicklung wurde für die folgenden zwei Jahre nach deren Erscheinen am 4. Juli 2007 „eingefroren", um die Verbreitung und Implementierung der Spezifikation zu fördern. Trotzdem wird die Diskussion über weitere Änderungen und Ergänzungen für zukünftige Versionen schon weitergeführt.

Derzeit unterstützen 13 Wiki-Systeme ganz oder teilweise die Creole-Syntax; darunter befinden sich bekannte und verbreitete Systeme wie MoinMoin und DokuWiki. Elf weitere Wiki-Software-Projekte planen die Unterstützung oder interessieren sich zumindest dafür. Dazu zählt unter anderem das von Wikipedia genutzte und weit verbreitete MediaWiki-System.

Verweise

Von „http://de.wikipedia.org/wiki/Creole_(Markup)"

Semantisches Wiki

Ein **Semantisches Wiki** ist ein Wiki, welches ein Modell des in ihm gespeicherten Wissens hat. Normale Wikis verwenden strukturierten Text und nicht typisierte Hyperlinks. Semantische Wikis ermöglichen, Wissen über Seiten (Metadaten) und ihre Relationen festzuhalten. Die Wissensbasis eines semantischen Wikis ist üblicherweise in einer formalen Sprache, so dass Maschinen es zumindest teilweise automatisch verarbeiten können. Die Technologien aus dem Bereich des Semantischen Web bilden dabei die Basis für automatische Schlussfolgerungen in der Wissensbasis.

Insbesondere können Algorithmen neues Wissen (z. B. zusätzliche Relationen zwischen Seiten) aus den vorhandenen Fakten ableiten.

Häufige Eigenschaften

Häufige Eigenschaften sind
- Annotierte Links und Seiten
- Erweiterte Such- und Browse-Möglichkeiten, welche die Annotationen nutzen

Semantische Wiki-Software

- Semantic MediaWiki (Erweiterung des von Wikipedia bekannten MediaWiki; Projekt des AIFB Karlsruhe u.a.)
  - SMW+ (von Ontoprise vertriebene kommerzielle Distribution von Semantic MediaWiki mit Erweiterungen)
- KiWi („Knowledge in a WiKi" – Java-Enterprise-basierte Plattform für semantische soziale Software, insbesondere Wikis; Nachfolger von IkeWiki; Projekt von Salzburg Research u.a.)
- OntoWiki (von Wiki-Ideen inspirierter Editor zur agilen und verteilten Zusammenarbeit an Ontologien; Projekt der Universität Leipzig)
- AceWiki (Semantisches Wiki auf Grundlage der kontrollierten Sprache Attempto Controlled English, Projekt der Universität Zürich)
- BOWiki (Erweiterung zum MediaWiki mit der Möglichkeit auf Basis einer Ontologie hinzugefügtes semantisches Wissen mittels eines Beweisers auf Konsistenz zu prüfen)
- KnowWE („Knowledge Wiki Environment", erweiterbares Wiki mit

Wissen zur Lösung von Problemen)
- TikiWiki – ehemals konventionelles Wiki, jetzt mit Semantic-Web-Unterstützung
- ArtificialMemory (Semantisches Wiki und Argumentationstool)

Von „http://de.wikipedia.org/wiki/Semantisches_Wiki"

Wiki

Ein **Wiki** (hawaiisch für „schnell"), seltener auch *WikiWiki* oder *WikiWeb* genannt, ist ein Hypertext-System für Webseiten, deren Inhalte von den Benutzern nicht nur gelesen, sondern auch online direkt im Browser geändert werden können. Diese Eigenschaft wird durch ein vereinfachtes Content-Management-System, die sogenannte *Wiki-Software* oder *Wiki-Engine*, bereitgestellt. Zum Bearbeiten der Inhalte wird meist eine einfach zu erlernende vereinfachte Auszeichnungssprache verwendet. Die bekannteste Anwendung ist die Online-Enzyklopädie *Wikipedia*, welche die Wiki-Software *MediaWiki* einsetzt.

Philosophie

Die Grundidee bei Wikis ist das gemeinschaftliche Arbeiten an Texten, ggf. ergänzt durch Fotos oder andere Medien. Das Ziel ist häufig, die Erfahrung und den Wissensschatz der Autoren kollaborativ auszudrücken (Kollektive Intelligenz). Die Änderbarkeit der Seiten durch jedermann setzt zudem eine ursprüngliche Idee des World Wide Web konsequent um.

Das Konzept wurde vor allem in Verbindung mit der Freie-Inhalte-Bewegung bekannt und bildet eines ihrer zentralen Werkzeuge zur Inhaltserstellung. Gleichwohl nutzen auch Hersteller nicht-offener (proprietärer) Inhalte Wikis als Arbeits- und Präsentationssystem.

Wikis gehören zu den Content-Management-Systemen (CMS), setzen aber, im Unterschied zu deren teils genau geregelten Arbeitsabläufen (engl. *workflows*) etwa in Redaktionssystemen, auf die Philosophie des offenen Zugriffs. Sie gelten als gegenüber einem klassischen CMS dann im Vorteil, wenn eine hohe Anzahl an Nutzern Informationen einstellt, sodass im Medium eine kritische Masse erreicht wird und es zu einem „Selbstläufer" wird.

Umsetzung

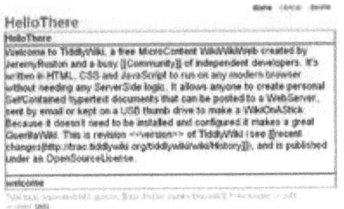

Einfache Wikitext-Beispiele im Bearbeiten-Modus von TiddlyWiki

Als wesentlicher Unterschied zu anderen Content-Management-Systemen bietet Wiki-Software weniger Gestaltungsmöglichkeiten für Layout und Design der Webseiten. Primäre Funktionen sind dagegen eine auch für Neulinge einfach erlernbare Schriftauszeichnung sowie Verlinkung, teils auch die Möglichkeit von Transklusionen für wiederholende Inhalte. Diese Funktionen werden durch eine vereinfachte Auszeichnungssprache gesteuert, beispielsweise Wikitext.

Eine wesentliche Funktion der meisten Wiki-Produkte ist die Versionsverwaltung, die es den Nutzern im Fall von – durch den offenen Zugriff kaum vermeidlichen – Fehlern oder Vandalismus erlaubt, eine frühere Version einer Seite schnell wiederherzustellen.

Wie bei Hypertexten üblich, sind die einzelnen Seiten eines Wikis durch Querverweise (Hyperlinks) miteinander verbunden; dabei dient der Titel einer Seite meist auch als Linkadresse. Links auf nichtexistente Seiten werden dann nicht als Fehler angezeigt, sondern es erscheint ein Formular, um die neue Seite anzulegen. Eine Vernetzung mit anderen populären Wiki-Diensten wird teils durch sog. *InterWiki*-Verweise ermöglicht.

Die meisten Systeme sind als Freie Software veröffentlicht, oft unter einer Version der gebräuchlichen GNU General Public License (GPL). Viele Wiki-Software Systeme sind modular aufgebaut und bieten eine eigene Programmierschnittstelle, welche dem Benutzer ermöglicht, eigene Erweiterungen zu schreiben, ohne den gesamten Quellcode zu kennen.

Ein Wiki kann sowohl auf einem einzelnen Rechner, etwa in Form eines Desktop-Wiki, in lokalen Netzwerken (Intranet) oder auch im Internet eingesetzt werden. Nicht jedes Wiki ist für alle Nutzer les- und schreibbar, es gibt auch Systeme, die eine Zugriffssteuerung (etwa via Access Control List) für bestimmte Seiten und Benutzergruppen erlauben.

Anwendungen

Die ersten Wikis wurden Mitte der 1990er Jahre von Software-Designern zur Produktverwaltung in IT-Projekten entwickelt. Heute kommen Wikis in einer Vielzahl von Anwendungen zum Einsatz, bei denen inhaltliche Flexibilität mehr als Repräsentanz zählt. Dazu gehören Dokumentationen in Wirtschaft, Wissenschaft und Kultur.

Von „http://de.wikipedia.org/wiki/Wiki"

Wikia

Wikia ist ein im Jahr 2004 von Jimmy Wales und Angela Beesley gegründetes Unternehmen, das Internet-Dienstleistungen anbietet.

Der Fokus des Unternehmens liegt auf dem Hosting von kollaborativen

Wiki-Websites auf einer ebenfalls Wikia genannten Wikifarm.

Geschichte

Ursprüngliches Hauptziel war die Entwicklung einer Suchmaschine auf Basis der Wiki-Technik. Der Suchkatalog bestehend aus Adressen und Informationen sollte wie in einem offenen Wiki-Web von allen Besuchern bearbeitet werden können. Wikia ersetzte im März 2004 das Webverzeichnis *3Apes*, welches im September 2002 gestartet wurde.

Seit Oktober 2004 hat sich der Arbeitsschwerpunkt von Wikia auf das von Jimmy Wales und Angela Beesley gegründete Projekt Wikicities verlagert, einer kostenlosen Wikifarm. Ende März 2006 wurde der Dienst Wikicities in *Wikia* umbenannt, da man befürchtete, der alte Name könnte Benutzer durch den Zusatz *cities* verwirren, der suggerieren würde, es handele sich um einen Dienst für Stadtwikis.

Im März 2006 beherbergte Wikia über 1000 Wikis. Seit Ende 2006 ist auch das US-Internet-Versandhaus Amazon an der Firma Wikia beteiligt. Im Juli 2007 gab Wikia den Aufkauf des ehemals zu Looksmart gehörenden verteilten Crawling-Projektes Grub bekannt, das als Teil der Entwicklung einer Suchmaschine reaktiviert werden soll.

Zwischen Mai und Juli 2008 übernahm Wikia den größten deutschsprachigen Wiki-Hosting-Anbieter, *gratiswiki.com*, um sich nach Angaben des Unternehmens verstärkt auf dem deutschen Markt zu positionieren.

Eine „Wikia Search" genannte Suchmaschine wurde zeitweise angeboten, jedoch wurde Ende März 2009 die Abschaltung des noch im Betastatus befindlichen Angebotes verkündet.

Durch die Übernahme des kommerziellen, durch Werbung finanzierten Wikis *WebsiteWiki* im Januar 2010 erreicht Wikia Deutschland die Gewinnschwelle und schreibt schwarze Zahlen. Zum Zeitpunkt der Übernahme umfasste das eigenen Angaben zufolge größte deutschsprachige Wiki rund 1,2 Millionen Inhaltsseiten mit größtenteils automatisiert ausgelesenen Daten über Websites.

Am 7. April 2010 hostet Wikia 100.000 Wikis, und am 13. April meldete sich der 2.000.000. Wikia-Benutzer an.

Dienste

Die Wikifarm Wikia

Wikia ist ein kostenloser Hosting-Dienst für Wikis, also offen editierbare Websites. Der Dienst finanziert sich durch Google-Werbung. Seit Mitte Mai 2010 bietet Wikia gegen Zahlung von 19,95 $ pro Monat auch vollkommen werbefreie Wikis an. Das Angebot gilt jedoch nur für Wikis mit weniger als 20.000 Pageviews pro Monat.

Als Wiki-Software kommt die ursprünglich speziell für Wikipedia entwickelte Software MediaWiki zum Einsatz. Unter eigenen Domains hostet Wikia die *Star-Trek*-Datenbank Memory Alpha, die World of Warcraft-Community *WoWWiki* sowie die Humor-Enzyklopädie Uncyclopedia. Außerdem werden das Vereins-, Unternehmens-, Schulen- und auch Musik-Wiki, so wie viele mehr, gehostet. Ebenfalls übernahm Wikia, zum Teil durch Kauf von den bisherigen Eigentümern, einige unabhängige Wikis, darunter das *GuildWiki*, ein Wiki zum Online-Computerspiel Guild Wars.

Im Gegensatz zu anderen Hosting-Diensten verfolgt Wikia das Ziel, „Communities" zu gründen. Jeder Hosting-Antrag wird akzeptiert, neue Wikis werden innerhalb von Sekunden automatisiert erstellt. Rein private Wikis sind nicht erlaubt. Alle Inhalte müssen unter der GNU-Lizenz für freie Dokumentation stehen. Wikia fungiert mitunter auch als Auffangbecken für Projekte, die zuvor unter dem Dach der Wikimedia-Stiftung existierten, dort aber nicht mehr erwünscht sind. So wurden etwa die Wikipedia-Ausgaben in den Kunstsprachen Toki Pona und Klingonisch zu Wikia verschoben.

Neben dem Hosting leistet Wikia Hilfe bei der Formulierung von Regeln und der Einführung von Neulingen (siehe auch Wikia-Support und Hilfe-Wiki). Alle Wikia-Wikis greifen auf eine zentrale Benutzerdatenbank zu, so dass sich der Benutzer mit einem Account an allen Wikia-Projekten beteiligen kann.

Kritik

Etwa ab 2008 kam es wiederholt zu Konflikten zwischen Wikia und den Betreibern einzelner von Wikia gehosteten Wikis. Im Mittelpunkt der Kritik standen in erster Linie Skins, die von Wikia als Standard für alle Wikis festgelegt wurden und deren Hauptzweck in den Augen der Kritiker darin besteht, die Anzahl der Werbebanner pro Artikel zu erhöhen. Dies führte in mehreren Fällen schon dazu, dass die Betreiber der betreffenden Wikis Forks auf anderen Servern einrichteten. In vielen Fällen können die so neu entstandenen Wikia-unabhängigen Wikis mittlerweile eine deutlich größere Anzahl an Artikeln und aktiven Usern vorweisen als die verbliebenen ursprünglichen Wikia-Forks. Unter den Wikis, die sich von Wikia losgesagt haben, befindet sich auch das „World of Warcraft"-Wiki, das von Jimmy Wales noch im November 2010 als größtes Wikia-Wiki bezeichnet wurde.

Wikia Search

Logo von Wikia Search

Der am 7. Januar 2008 online geschaltete Suchdienst *Wikia Search* sollte nach Aussage von Jimmy Wales als Google-Konkurrent etabliert werden. Wikia kaufte hierzu im August 2007 den Dienst *Grub - help crawl it all* auf und veröffentlichte den Quellcode unter einer freien Lizenz. Grub funktioniert nach dem Prinzip des verteilten Rechnens; die Indizierung des Internets wird hierbei durch Clients vorgenommen, die potenziell Jeder betreiben kann. Am 31. März 2009 verkündete Jimmy Wales allerdings die Einstellung des Dienstes Wikia Search, weshalb Grub nun ohne die Hilfe von Wikia weiterentwickelt wird.

Wikianswers

Wikianswers – Frag Wikia! ist eine Frage-Antwort-Seite, die durch die traditionellen Wiki-Prinzipien Offenheit, Transparenz und Editierbarkeit geprägt ist. Aus diesem Grund steht der komplette Inhalt von Wikianswers unter der „GNU-Lizenz für freie Dokumentation" (GFDL). Das bedeutet, dass er von Dritten frei weiterverwendet werden kann, wobei das Urheberrecht natürlich weiterhin bei den Originalautoren der Antworten liegt.

Eine Beteiligung bei Wikianswers ist auch ohne Anmeldung möglich. Die Seite ermöglicht Autoren, Antworten gemeinsam zu verbessern, so dass sich die beste Antwort aus einem Prozess der Kollaboration innerhalb der Gemeinschaft herausbildet. Wikianswers hat sich zum Ziel gesetzt, ein wirklich internationales Angebot zu werden. Die Vision dahinter ist die Ausdehnung auf über 100 Sprachversionen, so wie der Rest von Wikia.

Von „http://de.wikipedia.org/wiki/Wikia"

Wikifarm

Als **Wikifarm** werden Systeme bezeichnet, die im Internet eine Benutzeroberfläche bereitstellen, durch die man Wikis automatisiert anlegen und hosten lassen kann.

Bevor Benutzer bestehende Webseiten online verändern können, muss ein Wiki auf einem Server installiert, konfiguriert und betrieben werden. Bei einer Wikifarm wird dies stark vereinfacht und kann online erledigt werden. Wer ein Wiki in einer Wikifarm betreibt, muss Webserver, Installation und Initialisierung von Wikis nicht selbst durchführen.

Es existieren dabei nicht-kommerzielle und kommerzielle Anbieter von Wikifarmen. Während bei den meisten Anbietern jeder ein Wiki einrichten kann, haben manche diesbezüglich auch Beschränkungen.

Teilweise finanzieren sich Wikifarm-Angebote durch Einblendung von Werbung, die gegen Zahlung einer monatlichen Gebühr vermieden werden kann, wodurch meist auch eine erweiterte Funktionalität freigeschaltet wird.

Die Angebote der einzelnen Wikifarm-Anbieter unterscheiden sich neben der Preisgestaltung durch verschiedene Optionen, den bereitgestellten Speicherplatz sowie die eingesetzte Wiki-Software, z. B. Mediawiki, DokuWiki oder PBworks. Die Wikis sind normalerweise mit einem Standardlayout versehen.

Von „http://de.wikipedia.org/wiki/Wikifarm"

Wikitext

Wikitext in MediaWiki

Wikitext, **Wiki-Code**, **Wiki-Syntax** oder *wiki markup* (engl.) ist eine Gruppe von vereinfachten Auszeichnungssprachen, die eine vereinfachte Alternative zu HTML darstellen und benutzt werden, um Beiträge in Wikis zu formatieren.

Anwendung

Die Auszeichnungssymbole dieser Sprachen, meist englisch als „Tags" bezeichnet, werden im Eingabefenster innerhalb des Textes eingegeben und sorgen nach dem Speichern dafür, dass dieser an den betreffenden Stellen mit Attributen und Formatierungen (beispielsweise kursiv, unterstrichen, eingerückt oder verlinkt) versehen wird. Um den Quelltext lesbarer und gegliedert zu gestalten, gibt es meist Zeichenkombinationen, die dem markierten Text eine Formatvorlage zuweisen, die sich selbst wiederum aus mehreren Wiki-Tags zusammensetzt.

Die Tags sind im Großen und Ganzen ähnlich, unterscheiden sich aber je nach verwendeter Wiki-Software in Details. Allen Dialekten ist jedoch zu eigen, dass sie sehr viel einfacher aufgebaut sind als das historisch verbreitet im World Wide Web eingesetzte HTML. Diese Beschränkung auf das Wesentliche ermöglicht einer großen Gruppe von Menschen, insbesondere auch Computer-Laien, mit wenig Lern- und Schreibaufwand an diesem System teilzuhaben.

Beispiele

Ein grundlegendes Element der meisten Wikis sind beispielsweise die eckigen Klammern, um Verlinkungen zu erzeugen. So wird dem Nutzer die Eingabe von wesentlich aufwändigeren HTML-Konstrukten erspart:

1. [[Hyperlink]] verlinkt das Wort Hyperlink zum Artikel *Hyperlink*.
2. [[Hyperlink|Interner Link]] verlinkt die Wörter Interner Link zum Artikel *Hyperlink*.
3. [http://de.wikipedia.org/wiki/Hyperlink externer Link] verlinkt die Wörter externer Link zur Webseite http://de.wikipedia.org/wiki/Hyperlink

In HTML müsste man Folgendes eintippen:

1. <a href="/wiki/Hyperlink">Hyperlink</a>
2. <a href="/wiki/Hyperlink">interner Link</a>
3. <a href="http://de.wikipedia.org/wiki/Hyperlink" title="externer Link">externer Link</a>

Zur speziellen Vernetzung von Wikis dient das Konzept der Interwikilinks.

Dabei kann durch ein Präfix ein Link auf eine Seite in einem anderen Wiki erstellt werden. Zum Beispiel verlinkt in der deutschsprachigen Wikipedia [[:en:Link]] auf den Artikel „Link" in der englischsprachigen Wikipedia und nicht auf den deutschen Artikel „Link". Das dafür verantwortliche Präfix ist kursiv markiert.

Automatische Erstellung

Einige Programme können anhand von nach dem What-you-see-is-what-youget-Verfahren erstellten Texten automatisch Wikitext erzeugen. OpenOffice-Writer ab Version 2.3 vom 17. September 2007 ist beispielsweise dazu in der Lage, Dokumente (Text, Zeichenformatierung, Weblinks, Tabellen) in das MediaWiki-Format zu exportieren.

Standardisierung

Es gibt (noch) keinen allgemein akzeptierten Standard. Die Grammatik, Struktur, Möglichkeiten, Schlüsselwörter, Begriffe usw. sind abhängig von der verwendeten Software des einzelnen Wikis. Jedoch haben alle Sprachen gemeinsam, dass es eine einfache Möglichkeit zur Verknüpfung gibt, allerdings gibt es Unterschiede in den syntaktischen Konventionen.

Einige Wiki-Programme erlauben zusätzlich zu Wikitext die Verwendung von HTML-Tags, andere nur einen begrenzten Teil von HTML, und bei anderen wiederum ist HTML ganz unmöglich. Bestimmte Programme erlauben das Festlegen von Einschränkungen im HTML-Gebrauch für jede einzelne Seite. Grundsätzlich erlaubt Wikitext das freie und gemischte Verwenden von HTML und der Wiki-Sprache, und das mit einer einfach zu lesenden Syntax, die es auch Nutzern ermöglicht, Beiträge zu verfassen, die HTML nicht beherrschen.

Mit Creole existiert seit 2006 die Bestrebung, eine „gemeinsame Auszeichnungssprache" zu definieren, die auf Elementen bereits bestehender Markups basiert. Eine einheitliche Auszeichnungssprache wäre der „Grundstein für den einfachen Austausch von Informationen zwischen verschiedenen Wikis." Im Juli 2007 wurde die Creole 1.0 Spezifikation veröffentlicht, die mittlerweile von mehreren Wiki Engines eingebunden wurde.

Von „http://de.wikipedia.org/wiki/Wikitext"